スキー ゲートトレーニング 大全

SKI GATE TRAINING BOOK

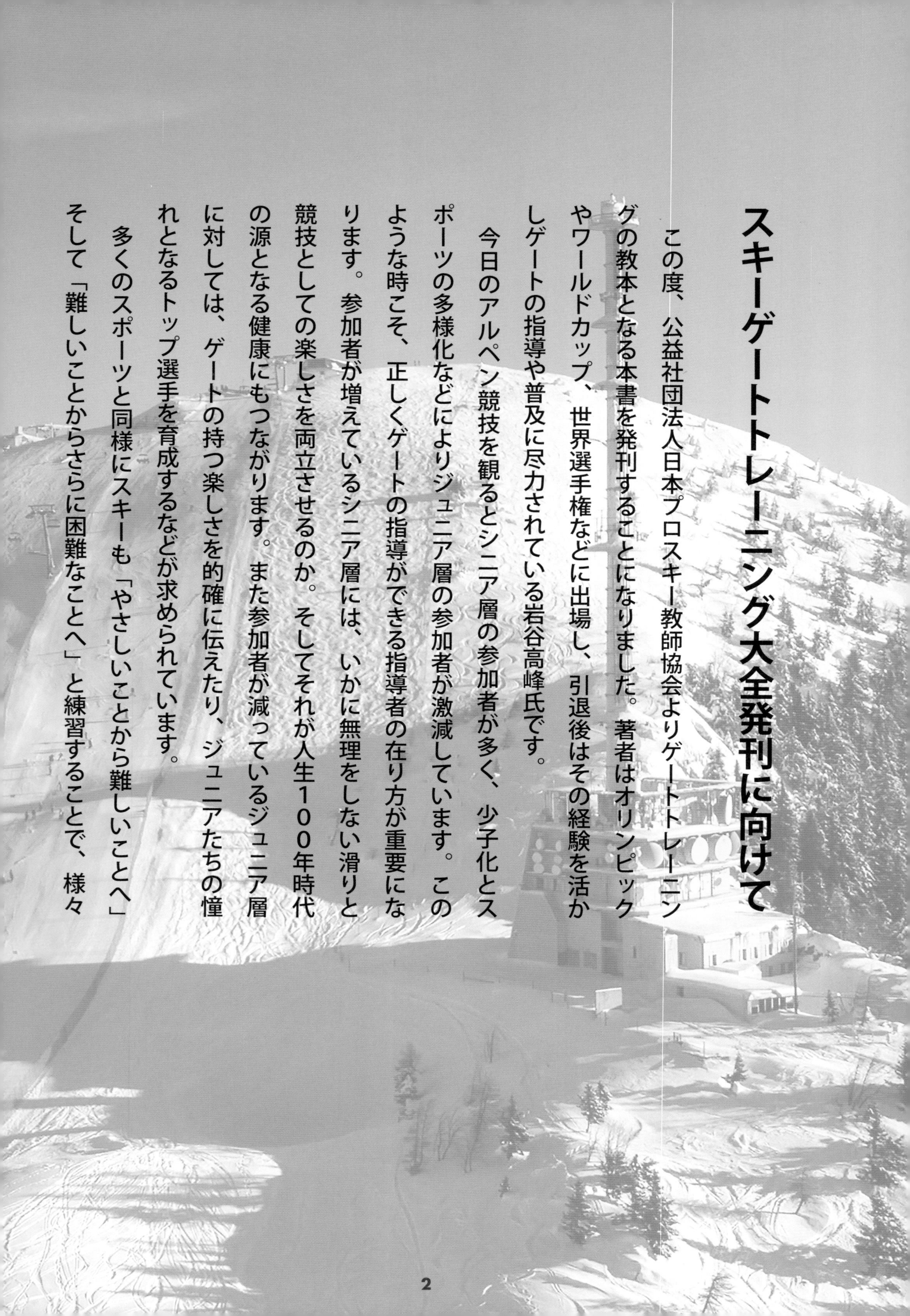

スキーゲートトレーニング大全発刊に向けて

この度、公益社団法人日本プロスキー教師協会よりゲートトレーニングの教本となる本書を発刊することになりました。著者はオリンピックやワールドカップ、世界選手権などに出場し、引退後はその経験を活かしゲートの指導や普及に尽力されている岩谷高峰氏です。

今日のアルペン競技を観るとシニア層の参加者が多く、少子化とスポーツの多様化などによりジュニア層の参加者が激減しています。このような時こそ、正しくゲートの指導ができる指導者の在り方が重要になります。参加者が増えているシニア層には、いかに無理をしない滑りと競技としての楽しさを両立させるのか。そしてそれが人生１００年時代の源となる健康にもつながります。また参加者が減っているジュニア層に対しては、ゲートの持つ楽しさを的確に伝えたり、ジュニアたちの憧れとなるトップ選手を育成するなどが求められています。

多くのスポーツと同様にスキーも「やさしいことから難しいことへ」そして「難しいことからさらに困難なことへ」と練習することで、様々な雪質や斜面を滑れるようになります。これはアルペン競技でも同様で、いかにして指導者が選手のモチベーションを下げずに伝えることができるのかがポイントになります。

本書はゲートの指導に当たる指導者に必要な情報だけでなく、ジュニアからシニアまでの選手たちにも有意義な情報をまとめました。本書がゲートをより楽しむことにつながり、指導者の参考となり、選手のレベルアップにつながり、アルペン競技の普及に役立てることを願っております。

最後に発刊に際して、海和俊宏氏と湯浅直樹氏にご協力を頂き、感謝申し上げます。

日本プロスキー教師協会
会長　中島英臣

アルペンスキーの昔、今、そしてこれから

近年マスターズ世代（シニア世代）を中心に盛り上がりが増しているアルペンスキー界。また一時期は世界で活躍する選手が減っていたものの、期待が持てる選手が増えている現在。そのようなアルペンスキー界について、元一流プレーヤーであり、現在は多くのレーサーの指導に携わる海和俊宏氏と岩谷高峰氏、そして現役レーサー歴30年を誇り2022年4月に現役を退いた湯浅直樹氏。日本を代表するアルペンスキー界の3人が、アルペンスキーの昔と今、そしてこれからについて語り合った。

テーマ1

アルペンスキーを取り巻く環境の変化

時代ごとの用具の変化に翻弄される

岩谷　海和さん、湯浅くん、今日はよろしくお願いします。

海和・湯浅　よろしくお願いします。

岩谷　はじめのテーマですが、我々が現役の頃から現在まで、アルペンスキー界にもいろいろと変化があったと思います。それぞれが感じていることはどんなことでしょうか？

海和　あまりにも違いすぎるよね。我々が現役の頃はアマチュアでもなくプロでもなく実業団チームに所属して戦っていたから。会社から給料を貰って仕事としてレースに出るのだけど、自分たちの立ち位置がどこか中途半端だった気がするね。

岩谷　僕は海和さんが入社した5年後に同じ会社に入れていただいたのですが、今はプロとして活動している選手も増えているわけですから、その辺りは大きな違いですよね。

海和　振り返ると遠征や大会にかかる費用はすべて会社が出してくれたよね。収入は少なかったけど、スキーはしやすい環境だったのかもしれない。もちろん宿や交通手段の手配はすべて自分でやる必要があったけど、お金の面ではあまり心配はなかったかな。

岩谷　湯浅くんはどうですか？

湯浅　僕は２０２２年の春に現役を退くまで、30年間スキーをしてきました。選手としてとても長い期間スキーを続けさせていただきましたが、大きな変革期は15歳の時です。学生レーサーの世界にもカービングスキーが入ってきて、それが大きなターニングポイントのようになったと感じています。当時のスラロームではレギュレーションが１５５センチだったものが今は１６５センチと細かい変化はありますが、やはり15歳の時の変化が大きかったですね。おそらく僕が唯一、カービングスキー以前と以後をはっきりと覚えているアルペンレーサーだと思います。

岩谷　特に用具の進化だね。少し話が逸れるけど、僕は引退してすぐに海和さんとキャンプを一緒にさせてもらっていたけど、そのキャンプのあいさつで海和さんがいつも言ってた言葉を思い出した。「皆さんはカービングスキーを使って上手くなるのはずるい！　我々の時代は切って滑るなんてできなかった」って。

一同　ははは。

湯浅　もう1つ大きな変化だったのがイン

ターネットの普及ですね。どのスポーツも同じだと思いますが、技術を学ぶうえで情報量の多さが圧倒的に変わったと思いました。私は9歳からスキーを始めましたが、「世界一になりたい」と思っても何から始めたらよいのかがまったくわかりませんでした。とにかく毎日走ったり腹筋や背筋をしたりして、このやり方が正しいのかがわからずにやるしかないような日々でした。それが今はマルセル・ヒルシャーやヘンリック・クリストファーセンといったスーパースターの滑りがいつでも見られますから。この情報量というのはとてつもないと思います。

岩谷　そうだよね。確かに大きな変化だった。湯浅くんはこの変化がいい変化だと感じている？

湯浅　必ずしもよい面だけではないと思っています。スキーから少し逸れますが、私の趣味の一つにゴルフがありまして、いろいろな動画を見ています。とても面白いのですが、見れば見るほど、何が正しいのかという迷いが生じます。やはり情報量が多いと良くも悪くもその情報に左右されやすいので、自分に必要な情報や自分に向いている情報の判断が難しくなると思います。

海和　確かにでもそうだよね。それで思い出したことがあって可倒式ポールの登場。「あれ？これはどう滑るんだ？」って思って。

岩谷　我々の時代は最初が竹製で次に倒れないプラスチック製でしたからね。

海和　そう。どう滑ればいいかが分からないし、ポールに当たるから当たった部分が痛くなるし。ホテルのスリッパを腕やスネに当てて滑っていたよね。

岩谷　ホテルから訴えられませんでしたか？　スリッパがどんどんなくなるって。

海和　それはなかったけど、とにかく順応することが大変だった。ステンマルクたちは1年前から可倒式ポールの滑りを練習していたみたいで、世界選手権でもダントツの滑りだったから。他の選手たちはみんな滑れなくて。

岩谷　それまでフランスの選手は内倒して滑っていたからよく転んでいたけど、可倒式ポールが登場してからは上位に食い込んできましたよね。

海和　それが逆手のはじまりだよね。

岩谷　それまで習っていた日本チームのコーチや海外のコーチたちはずっとフランスの滑りは内倒するからよくないと言っていて。マーウジラルデリたちと一緒にアンギュレーション（外向傾姿勢）ばかり練習していましたからね。完全に用具の変化に翻弄されましたよね。

海和　今みたいに情報が入ってこないから、実際にヨーロッパに行ってみなければわからなかったよね。

湯浅　いろいろな変化があっての今ですね。

テーマ2

アルペンレーサーにとってのよい環境とは

よい環境で長期間滑れることが理想だが できるだけ長く雪上に立つことが重要

岩谷　お二人はアルペンレーサーにとってのよい環境についてどのように思いますか？

湯浅　僕が初めて海外に行ったのは16歳の時でした。それから23年間は海外での生活が中心でしたね。

海和　長いね。僕らは湯浅くんの半分も現役生活を送っていない。

湯浅　僕が常に環境に求めていたことは、しっかりとスキーの性能が出せる雪質などのコンディションがあり、できるだけ長く滑れるところでした。反復練習をどのくらいの期間、安定した条件でできるかということを求めていました。

岩谷　雪質についてもう少し教えてくれる？

湯浅　適度な固さで締まった雪質です。

岩谷　その条件で長期間反復練習をしながら滑り込むことで自分のものにしていくということだ。僕もコーチたちのハンドリングをする契約をしていたことがあるけど、やっぱりトレーニング環境はコーチたちからすごく要望を出された。よい条件ほど費用やスタッフの人数が必要になるから大変だったけど、それでよい結果につながったときは環境の大切さを改めて感じたよね。

海和　僕が実践していたのは、1年でスキーを履かない月がないようにしたこと。とにかく雪があるところに出向いていって、1月から12月まで毎月スキーを履くことを心掛けていたかな。会社には無理なお願いをして出張、出張で。ただ雪質については選べなかったから、とにかく雪の上にいることだけを考えていた。

岩谷　春になると安くて長く滑れる場所を探したものです。

海和　とにかく雪の上にできるだけ長く立たなければ勝ち目がないと考えていたからね。

岩谷　僕が引退する頃に気づいたことですが、海外は毎年若い有望な選手が出てくるのに対して、日本は何年かに1人くらいしか出てこなくて。日本からも継続的に輩出したくて指導者になりましたが、やはり環境の差は大きいと感じています。海外には氷河があるので1年を通してトレーニングができることと比べると、日本人選手はどうしても年間の滑走量が足りなくなってしまう。現実的にこの差が大きいですね。

湯浅　その環境も含めて私たちがよくしていかなければならない要素だと思います。

岩谷　日本の夏シーズンは月山や乗鞍のように雪が残っている場所があるけれども、整備された斜面ではないわけで。この整備をされていない斜面を滑ることも技術力の向上につながると思いますか？

海和　もちろんあると思うよ。結局のところレースで勝つためには、どれだけ技術の引き出しを持つのかということだから。滑走順が早くてきれいなコンディションで滑れたらいいけれども、そこまでたどり着くためにはとんでもなく荒れた斜面を滑る必要があるわけで。コースが掘れていようがアイスバーンだろうが滑れないことには上のステージには上がれない。だからスキーの練習にムダな練習はないと思っている。いろいろな斜面で滑った感覚や経験を噛み砕いて吸収し、そうすることで自分の技術の引き出しを多く作ることが大切だからね。

湯浅　私も海和さんと全く同じ意見です。どのような環境であれ、よいトレーニングになるのも悪いトレーニングになるのも本人次第だと思います。選手がその経験や練習をどのように捉えるかが一番大事なことですから。僕はアルペンスキーはアジャストのスポーツだと考えています。要は様々な条件に合わせていくことが求められます。自分では条件を選べないため、どんな条件下でも滑れるようにすることが選手の務めと考えています。そう考えると月山や乗鞍でのスキーもとても有意義だと思います。

岩谷　最初に湯浅くんが言ったようによい環境に身を置くことが大事だけど、それができなくても日本の残雪で練習することで得られるものがあるということだよね。そしてそのような場所を我々指導者が用意することも大切なことですね。

テーマ3

現役時代と昨今のテクニック・メンタル・マテリアルについて

つまらない基本練習に対してどこまで真剣に向き合えるか

岩谷　これまでの話と重複する内容もあると思いますが、このテーマについてどう思いますか?

海和　僕は勝負の世界に身を置いていたときは、どうしても逃げ場所を見つけたくなっていた。ずっと1人で行動していたので、例えば自分で作った練習プランの回数をこなすことと同時に、どこか逃げ出したい気持ちが出てしまう。その時に逃げ場を作らないようにすることを意識していた。現役時代は何事も逃げたら終わりだと考えていたので、例えば事前に決めた練習の回数だけでなくプラスαをこなすまでは練習を終えないようにしたり。

岩谷　今でいうメンタルや意識づけですね。

海和　そうだね。

湯浅　私はテクニックに関してはかなり模索しました。トップレーサーだったお二方も直面されたことがあると思いますが、やはり基本に忠実な滑りをするからこそ、いざという時でも強い滑りができるという実感がありました。ですから私が大事にしてきたことは、基本をいかにやり続けられるかでした。基本のトレーニングはとてもつまらないものです。それを何時間もやり続けるのですが、そのつまらなさを超越してやり続ける自分を信じるというのですかね。やり続けた結果、花咲くかどうかはわからないのですが、ひたすら自分とコーチを信じてやり続けること。それは海和さんがおっしゃっていたメンタルと重複すると思いますが、選手にはこのようなメンタルが求められると思います。

岩谷　なるほどね。マテリアルについてはどうですか?

湯浅　マテリアルについては、自分が滑りたい滑りと自分の滑りのタイプを知り、それに合ったスキーを選ぶことが大事です。上のカテゴリーに上がると自分に合ったスキーを用意してくださるので少し局面が変わりますが、草レーサーの方々に私が何かアドバイスをするとしたら、このようなことを念頭に置いて選んでいただきたいと思います。

岩谷　チューンナップについては?

海和　俺らの現役時代は自分に合ったスキーを作ってくれるということはなかったよね。はいと渡されたスキーを自分でチューンナップして、「エッジはこの角度か」「ここを落とさないと曲がらないな」など、すべて自分で調節して履いていたから。その点から考えると、今の子どもたちは滑りとしては道具に頼ったテクニックが必要になるけれども、その前にやらないといけないことがある気がするよね。

岩谷　レース会場でよく見かけますが、少しよい成績が出ると、すぐにサービスマンがついてチューンナップをしてもらっていますよね。やはり自分でチューンナップをしないことには、仕上がりの良し悪しはわからないですし、この判断ができなければいざという時に自分で調整することはできませんから。

湯浅　全中(全国中学校体育大会)などの大会を見に行くと、チューンナップをすべて父兄の方がやっていますよね。私の場合、ある程度のカテゴリーに上がってからは自分で調整をしませんでしたが、自分でスキーを調整することもスキーの楽しみの1つだと思っています。道具を自分でいじり、その違いを感じて、どのような変化が起こるのか。このようなこともすべて含めてアルペンスキーの楽しさだと思います。そこをすべて人任せにしてしまう風潮は、とてももったいないと感じています。

海和　その通りだよね、本当にその通りだと思う。

テーマ4

アルペンの指導者として感じていること

参加いただく方の満足感を満たせる方法を常に考える

岩谷　海和さんは長年ご自分のスクールを経営されていますし、たくさんの選手たちを指導してきました。湯浅くんもこれからは指導者として選手たちと関わる時間が増えると思います。その指導経験のなかで感じている期待感や自分のやりがいを教えてください。

岩谷　僕の場合は先ほども話しましたが、『なぜ日本人は毎年よい選手が出てこないのだろう?』と感じていたので『自分がコーチをやろう』と思って始めました。全日本チームのコーチをさせていただくことになり、指導の勉強をはじめました。ところがやはりそれでは生活ができなくて、5年ほどで1回休むことにしましたが自分は勝ち負けしかない世界にどっぷりと浸かっていましたので、いろいろな選手や一般のスキーヤーを見ること自体が楽しみでしたし、とても勉強になったことを覚えています。海和さんはどうですか?

海和　指導者というとテクニックやスキルを教えると考える人が多いと思うけど、僕は今も昔も変わらないこととして、上手くなるコツはたくさんあるわけではないと考えている。もちろん細かい部分を言えばきりがないけれども、本質という部分ではそこまでたくさんあるわけではないかな。だから僕は、週末の限られた時間しか滑れない人たちに、どれだけ滑走時間を作るかを考えている。例えば20旗門や30旗門セットしたら、そこを5本滑るよりも6本、6本よりも7本という感じ。もちろんもっと考えて練習したいという方もいますが、僕は基本的により多くのターンをすることで上手くなると思っているので、その環境を作ることを大事にしているね。

湯浅　私は今後指導する機会が増えてくると思いますが、よい指導者に巡り合えたのでそれを活かしたいです。小学生の頃に野球チームに入っていたのですが、そこの監督さんが「冬は練習ができないから、冬はスキーチームにしよう」と考え、私もその流れでスキーをすることになりました。コーチはスキーの指導者ではありませんでしたから、本を読んで得た知識を元に「スキーは外脚に乗って手を前に出す」という2つをピックアップして私たちに伝えていました。中学2年生まではこの2つしか教えてもらいませんでしたが、いろいろと強制されることがなかったため、純粋に雪と遊ぶことを楽しめました。そこでスキーが好きになったからこそ、ずっと続けてこれたのでしょう。ですから私が理想と考えている指導者とは、子どもたちに何かを強制するのではなく、自由にのびのびと滑ってもらい、スキーの楽しさを知ってもらうことを最優先にできる人です。

岩谷　海和さんはお客さんたちに一声かける時に意識していることはありますか?

海和　どうしても悪いところが目につきやすいけど、そのような見方をしないようには気をつけているね。悪いところを指摘されて嬉しい人はあまりいないと思うから、上手くできた部分を見つけて、その点を指摘することは意識しているね。岩谷くんは?

岩谷　僕も褒めることしかしていないです。時々お客さんに『習いに来ているのに褒められてばかりでは困る』と言われることがありますが、僕自身が褒められることで乗っていくタイプでしたので、そこは大事にしていて、褒めたうえで少し課題を伝えるようにしています。

海和　僕や岩谷くんは褒めるタイプの指導者かもしれないけど、たくさんのお客さんを抱えている指導者は、ガンガンと指摘する人が多いと思う。日本人は「習う」習慣があるから、指摘されることに対しての満足感があるのかもしれないな。僕にはそのような指導は合わないし、あれこれ指摘されると自分で消化できないタイプだから。

岩谷　僕はターンの組み立てについては雪上やミーティングで伝えるようにしています。そのうえで「このシーズンはここをやりましょう」と話して個々の練習をします。そこには基本練習を入れたりして。レッスンの時間はどうしても限られますから、そこで満足感を得てもらうためにはどうしたらいいのかといつも考えています。

湯浅　参考にさせていただきます。

テーマ5

世界で戦える選手になるためには何が必要か

自分で考えることを習慣化できたらさらによい選手になれる

岩谷　続いてのテーマは世界で戦うために必要なことです。

湯浅　そうですね、これまでと同じような話になりますが、選手はアスリートです。そしてアスリートに大事ことはモチベーションであり、どのくらいその競技に対して情熱を注げるかです。私自身、何度も自分のモチベーションや情熱に助けられたところがありますし、その気持ちを持ち続け

て30年間の選手生活を過ごせたことに大きな満足感があります。そういった意味では、選手たちには「これだけこのスポーツを愛せた」「ここまで打ち込めた」という想いを体感してもらいたいです。

岩谷　モチベーションは行動の原動力だよね。僕が自分のモチベーションの原点を振り返ると、小学生の時にたまたまテレビで見た札幌オリンピックになるな。画面に映る選手たちを見て「俺もオリンピックを目指そう」と単純に思って。それからオリンピックに出た選手たちが僕の地元で合宿をする機会があり、その時にオリンピックの話を聞かせてもらったわけ。それで余計にオリンピックを目指す気持ちに火がついたという。海和さんはどうですか？

海和　自分で考えることが必要だよね。先ほども言ったけど僕は本当に1人きりでゼロからやってきたので、考えないと何も進まない環境だった。技術にしても僕は身体が小さいから、海外勢の体格や筋力には太刀打ちできなかったわけ。初めてヨーロッパで戦った時は1本で13秒や15秒のタイム差になり、その現実を目の当たりにして「俺、このまま続けてもダメだな」と思ったけど、同時に「どうすればあの選手たちと戦えるのか」を考えている自分もいたんだよね。

岩谷　そこで諦めないのが海和さんですね。

海和　やっぱりまともに滑っても勝てないのだから、どうすればよいかを考え続けてたどり着いた答えが「ライン取り」だった。海外の選手たちよりも30㎝早く始動したらどうだろう、その30㎝をターンごとに繰り返せばタイムが速くなる、と考えるようになり、それからはその動きが実践できるように反復練習だよね。だから考えることは本当に大切だと思う。

岩谷　僕の現役時代にそのライン取りを教えてくれたら、僕ももう少しいい成績が出たと思うんですけど……。

海和　だから自分で考えることが大事なの（笑）。子どもたちを指導していると、言われたことに「はい」と答えることが多いよね。この返事を聞くと「本当に自分で噛み砕いて考えているのか？」と思ってしまう。先ほど湯浅くんが言ったように、試合ではアジャストすることが大事であり、アジャストするためには常に頭の中でシミュレーションをしておかないと本番では絶対にできないと思う。他にも例えばヒルシャーの滑りを見てただ動きを真似るのではなく、「彼はどうして速く滑れるのだろう？」と考え、「どの部分を自分に取り入れたらもっとタイムが上がるのだろう」と突き詰めてもらいたいよね。今の選手たちは海外勢に引けを取らない体格や筋力になっているけど、それでも考えることは大切だと思う。

岩谷　僕は高校の頃から海和さんの存在を知っていましたが、中学2年にロシニョール主催のアニー・フォモーズキャンプに一般参加者として申込み、そこでアニーさんにスカウトして頂きました。その後インターハイ優勝を期に海和さんと同じ会社に入社しましたが、その頃から海和さんには「本当に体力ないな」と言われ続けています。

海和　いやいや東奥義塾高等学校という名門中の名門出身だから、僕がやっているトレーニングにもついてこれるだろうと思っていたわけ。ところが全然ついてこれないので、本当に不思議だった。

岩谷　海和さんがそれだけハードなトレーニングをしていたんですね……。

海和　確かに、自分で考えて実践していたから、人と比較をしたことがなかった。

岩谷　冷たい先輩で「お前はお前でやれ」と言って一緒にトレーニングをさせてくれなくなった（笑）。

海和　いやいや僕と岩谷くんの滑りのタイプも骨格も全然違うわけだから。それで「僕と同じ内容ではなく自分で考えてやったほうがいいよ」ということだよ。

岩谷　それで思い出しことは、単独武者修行していた夏のトレーニングでフランスチームに入れてもらったことがあって。そしたら彼らは雪上をガンガン滑った後にウェイトトレーニングをするんですよ。僕はまだウェイトトレーニングの重要性を理解していなかったから彼らのトレーニングに全然ついていけなかった。それで帰国後、所属コーチに日体大のウェイトの先生を紹介してもらい、トレーニングをするようになったんですが、そうすると体力や筋力がつき、成績も上がってきた。

海和　僕が言いたいのはそういうこと。自分で考えて実行しようと。

岩谷　僕は海和さんという目指す人のレベルが高かったから、本当によかったと思っています。あの時はトレーニングを突っぱねてくださりありがとうございました。

海和　（苦笑）当時の選手たちはみんな自分で考えるクセがついていたから、世界中どこでも生きていけると思っていたし、考える習慣は今でも役立っている。今は環境が整ってよい面もあるけど、子どもの頃からぜひ自分で考える習慣を持ってもらいたいよね。

テーマ6

ジュニアレーサーに感じること

魅力的な大会の開催と今以上の練習量が欲しい

岩谷　このテーマについて湯浅くんはどうですか?

湯浅　私はこれまで単発のキャンプに参加させてもらうことしか経験していませんので、選手たちの悩みを聞く機会がほとんどありませんでした。ですから選手たちの滑りを見ての感想になってしまいますが、２０２２年に菅平で開催されたジュニアオリンピックを全日程観戦しました。そこで思ったことは私の中学生時代よりも全然上手だということです。その一方で先ほどから岩谷さんが言われている「世界で戦う選手が散発的にしか出てこない」という問題があります。これはジュニアから世界を視野に入れた育成をしていく必要があると感じています。まだ私の推測の域を出ないのですが、この部分を私たちが明確化することが重要だと思います。

岩谷　世界で戦える選手の登場を待つのではなく、日本中の指導者が協力して体制を作ることは本当に大事ですよね。ジュニアを卒業するとスキーを辞めてしまう子も多いから、その子たちにスキーを続けてもらうという意味でも重要だと感じる。

湯浅　日本としてアルペンスキー業界として、現在の足りない部分をどのようにして補うか、そこを考えていく必要がありますよね。

岩谷　難しいけど大事なところでもある。

海和　僕は2つあって、1つは自分たちで目標を持ち、それを常に頭の中に置きながら練習をすること。もう1つはジュニア時代から完璧な滑りを求めすぎないこと。特に今の子どもたちは、いろいろなレースを経験する前から完璧な滑りを求めすぎている気がする。本来はある程度技術がついてきて、そこから伸び悩みながら練習をして一皮むけてという工程を繰り返すものだけど、最初から完璧を求めるがゆえに一皮むける時間がないというか、そのことを受け入れない感じがするね。その背景にあるのは、絶対的に練習量が少ないこと。リフトの営業時間がまだ1、2時間もあるのにホテルに帰ってきてしまう……。これはおそらく気持ちの問題で、自分の中に「こう滑りたい!」「ここまでの成績を収めたい!」という想いが弱い気がする。僕は古い人間だから今は違うのかもしれないけれど、リフトが止まるまで練習を続けたからね。

岩谷　子どもたちの練習不足は、大会数が増えたことが原因かもしれないです。僕や海和さんの時代は全国大会が3つ、Ａ級大会が3つくらいだったと思います。それが今ではＦＩＳレースだけで１００以上もあります。僕らの時代は大会以外の時間はすべて練習に使っていましたが、今の選手たちはそうもいかない。特に今はポイント制ですから、多くの大会に出てポイントを稼ぐ必要があります。そうなると大会の出場日数と反比例して練習時間は減ってしまいます。このバランスが非常に難しいですよね。

海和　それは僕らの頃と全然環境が違うよね。

岩谷　以前はオーストリアでも同じような問題を抱えていました。ナショナルチームに入るためにはポイントが必要で、そのためにヨーロッパ各国の大会に出場していたのですが、それによって練習量が減ることがオーストリアの選手が勝てなくなった理由だと。そこで行ったことは、ナショナルチームに入るためのポイント対象の試合を限定したのです。たくさんある大会のうち、この大会とこの大会だけをポイントの対象にするということですね。そのやり方によって選手たちの練習時間を増やすことに成功し、現在のオーストリアの競技力復活があります。

湯浅　私は大会の数はある程度多いほうがいいと思います。ただ同時に全日本柔道連盟が小学生の全国大会の廃止を決めましたよね。ここは非常に濃い議論が必要だと思いますが、私の意見としては、ジュニア期の全国大会は選手にとって大きな目標であり、その大会に対しての熱量はとても大きなものがあります。大会に向かって一気に大きな熱量を発揮するため、逆に熱が冷めるのも早くなり、選手たちが長く競技を続けない要因の1つかと思っています。ですから選手たちが一定量の熱量を持ってスキーを続けるためには、ある程度の大会数が必要だと思います。もちろん岩谷さんがおっしゃったように大会数については熟考が求められますが。

岩谷　さきほどのモチベーションの話ともリンクすることだね。大会をモチベーションにして練習するということは間違いなくあるし、そこで1回でも勝てるとその結果によってモチベーションも高まるし。

湯浅　私の幼少期には、北海道でサロモンカップやフィッシャーカップといった大きな大会がありました。この大会の賞品がスキー板で、それを貰うために頑張ることが私の大きなモチベーションでした。私が両親にスキーを買ってもらったのは最初の1回だけで、あとはずっとお下がりでしたので、この賞品は本当に魅力的でした。同年代に武田竜という化け物がいたので優勝することは叶いませんでしたが、自分がスキーをする明確な目標でした。

海和　確かに子どもたちが目標とする大会があることはとても大切だよね。ただ先ほども話したように、今の子どもたちには滑走量が足りない。魅力的な大会ができることで練習が増えるといいけど。湯浅くんが言ったように、子どもたちがモチベーションを持つために、何か明確なものを我々指導者が与える必要があるのかもしれないね。

岩谷　海和さんはジュニアの頃にどのようなモチベーションでスキーをしていたのですか？

海和　僕は実家が農家をやっていて、家業の跡を継ぐのが嫌だ、そのためには家を出るということがモチベーションだったね。その一方でスキーを習ったことはなかったから大会に行くといつも負けるわけ。勝たないと家を出ることは叶わなかったから、北海道や長野に強い選手がいると聞けばその選手を見て、どうすれば勝てるかばかり考えていた。

湯浅　僕も海和さんと同じです。子どものときから、どうやったら強い選手たちに勝てるかをずっと考えていました。

海和　だから自分の中にそういう気持ちを持っていることが大事だよね。今思うと、ワールドカップとか世界で戦ってきた人は戦い方がわかっている気がする。「ここまでやればワールドカップに行ける」「こう戦えば勝てるぞ」のようにね。ただそれを上手く伝えられる指導者が少ないよね。

湯浅　僕もこれから指導者としての勉強が必要だと考えています。そしてたくさんの方にスポンサードしていただいて、子どもたちにとって魅力的な賞品が出せる大会を作りたいと思っています。

岩谷　楽しみと競い合いが合わさった大会ができるといいね。

テーマ7

シニアレーサーに感じること

オーバースペックのスキーを使い続けることの危険

岩谷　近年、マスターズの人気がすごく、登録選手も増えています。この世代、この本ではシニアと呼んでいますが、シニアレーサーに感じていることがあればお話しください。海和さん、どうですか？

海和　この年代の方々は時間もお金もあるからスキーへの情熱がすごいね。恐れ入るよ。僕が感じるのはマテリアルかな。皆さん競技志向だから使っているスキーは競技モデルが多い。でもそれがかえって自分の滑りを難しくしていると感じるね。

岩谷　長すぎるスキーやトップモデルを使うことですか？

海和　うん。人によってはレディースモデルのほうがより上手く滑れるし、タイムも出るはずなんだけど、なかなか口に出して伝えるのは難しい。皆さん強い選手が履いているスキーに憧れてトップモデルを履いていたりするし。トップモデルに思い入れがあるわけだから。

岩谷　この対談の初めにも話したけれども、カービングスキーの登場でシニア世代もターンが楽になったり、切るターンをしたりすることができるようになりました。それがより長くスキーができることにもつながって。そういったプラスの面がある反面、年齢を考えると慎重になってもらいたい部分もありますよね。例えばトップモデルほどずれにくいので、難しい斜面でしっかりずらせないと怪我につながる。ずらし方を練習して身につけばいいですが、体力的に厳しければマテリアルを変えることも考えてもらいたい。

海和　僕がちょうど今そうです。レース用のスキーを履いて小回りをすると反応が良すぎて「これ怪我するな」と思うから。だから僕はトップモデルの何ランクか下のスキーを履いてる。そのほうが程よく切れて気持ちよく滑れるから。例えば志賀高原のような長いコースをクルージングするのであれば、間違いなく柔らかいスキーのほうが滑りやすいよね。

岩谷　怪我をすると下手したらそれでスキーができなくなることもありますからね。僕はレッスンでプルークをたくさんしたりして、正確にスキーをずらす練習をしたりしています。お客さんによっては「なんで速くなる練習をしに来ているのにプルークなんだ!」と言われることもありますが、こういうことができないとスキーをずらすことができないですから。

海和　シニアレーサーを見ていると、上手な人ほどポールに当たってインコースを滑りたがるように見える。ポールに当たることが満足度を上げる要素になっているような。結果的にポールに当たることでスキーがずれたり、まっすぐに走ってしまっている。僕も岩谷くんと似たような経験をしていて、フランスでレーシングキャンプをした時のこと。丸い弧を描くライン取りを繰り返していたら「せっかく海外まで来たのになんでこんな遠回りばかりする?」と言われたことがある。けれどもそのほうがよいタイムが出たり、安全に滑れるんだよね。僕らはポールに当たることよりももっと大切なターンの質やライン取りを伝えていかないといけないと思っている。

岩谷　湯浅くんはどう? まだシニアレーサーを指導する機会はあまりなかったと思うけど。

湯浅　そうですね。これまでは接点がなかった世代です。ですが私自身3度の大きな怪我を克服しましたし、膝には人工関節が入っています。自分がそのような状態ですから身をもって「スキーは生涯スポーツだ」と証明していけると感じています。

海和　人工関節を入れた選手は貴重だったよね。

湯浅　そうですね。膝が痛くてスキーができないと思っている方には、人工関節という選択肢もありますよと伝えていけたらと考えています。私の場合は駆け出した娘を走って追いかけられないくらいの痛みでしたから、手術をしてよかったと思っています。

岩谷　他に感じていることはありますか?

湯浅　実は私、先ほどの海和さんの言葉がちょっと刺さっています。私が使っているゴルフクラブはオーバースペックでして……。

海和　いや僕もそうだよ。クラブを選ぶときは形やデザインで選ぶことがあるし。そして後日失敗したなって思うことがよくある。先ほどの話はこれと同じことがスキーでも起こっているということだよね。スキーは楽なほうがいいという観点を少し考えてもらえたらいいですね。

テーマ8

これからのアルペンスキー

世界で戦える選手を育てる環境づくり

岩谷　最後のテーマですが、アルペンスキーだけでなくスノースポーツの普及も含めてお願いします。

湯浅　今、日本アルペンスキー界の主力である選手たちが、本当に伸び伸びと世界一を突き詰めることができる環境を整えることが必要だと思っています。そのためには資金面が非常に大きな要素であり、避けて通れない難点です。資金面はどうしても競技人口とリンクしますから、競技人口をどのようにして増やしていくかが私たちの課題だと感じています。今の子どもたちがなりたい職業ランキングでは公務員がベスト10に入っています。昔はプロ野球選手やプロサッカー選手が上位でしたが、今の子どもたちは違いますよね。アルペンスキーで高額な収入は無理ですから、どうしても楽しさや魅力を感じてもらうことしかできませんが。

岩谷　連動するよね。

湯浅　そうですね。それから避けて通れない問題は温暖化です。ヨーロッパの氷河がみるみる減っていてあと10年くらいしか持たないという話も聞きます。日本も他人事

ではありませんから、スキー界でどのようにして雪を守っていくかが大切ですし、しっかり議論をして大人が責任のある行動をしていく必要があります。やはり子どもたちは大人を見て育ちますから、私たちが責任ある行動をして、それを見た子どもたちが責任感を持つ人に成長してもらうこともこれから考えていくことです。

岩谷　すごいな。現役を辞めてすぐにそこまで考えているとは。

海和　湯浅くんが言ったとおりだね。それ以外には、子どもたちが世界で活躍して結果を残せるようにすること。それによってファンが増え、競技人口が増えることは間違いないから、今最前線にいる選手たちの成績を上げることが一つの引き金になると思う。そう考えると子どもたちにはもう少し早い段階で自立してほしい。

岩谷　自立ですか？

海和　うん。国内にはたくさんのチームがあり、多くのコーチがいるけれども、ずっと自分のチームに選手を留め置く風潮にあると感じるんだよね。地域の大会、全国大会、ナショナルチーム入り、ワールドカップ参戦と、ステージによって所属を変えていいと思う。そのためにはコーチ側が変わらないといけない。「ここまでは俺が育てる」「この先は誰々に任せる」というように。

岩谷　組織としてそのような形が作れたら理想ですね。個々のコーチが頑張っても難しいですから。だから湯浅くんが自分の経験を生かした活動をし、海和さんが総合的な経験をもとにしてと、いろいろな経験をした人たちが協力して普及から強化まで行っていくことが必要だと思います。

海和　特に湯浅くんはまだ引退したばかりだから、選手時代の記憶が鮮明でしょ。現役の選手たちと同じ場で戦っていたわけだから、経験したことをどんどん伝えてもらいたいと思う。僕は自分の経験を伝えることが好きではなかったからやってこなかったけど、今考えると伝えておいたほうがよかったなって。もし10人の子どもたちに経験を伝えたとして、彼らがどのように受け取るかはわからないけど、伝えないことには何も始まらない。そこで1人でも好意的に受け止めてくれてそれがモチベーションになれば、それで大成功だと思う。

湯浅　そうですね。私が戦ってきた30年間の経験、モチベーションを持ち続けられたことや何度も怪我から復帰したことなど伝えられることがあると思います。

岩谷　僕たちもまだまだやらないといけないことがあるということで、また協力していきましょう。本日はありがとうございました。

海和・湯浅　ありがとうございました。

海和俊宏（かいわ・としひろ）
1955年山形県出身。1976年第54回全日本スキー選手権大回転で優勝。1977年オーストリア、サン・アントンで開催されたFISワールドカップ男子回転で1位とのタイム差1秒16で7位入賞を果たし、日本人初の第1シード入りを果たす。最高順位は5位。1984年サラエボオリンピックでは回転12位、大回転26位の成績を残し、現役を引退する。現在は北志賀よませ温泉スキー場でホテルとスキースクールを経営している。

岩谷高峰（いわや・たかみね）
1960年青森県出身。スキーの名門校である東奥義塾高等学校（青森県）時代の1979年第28回インターハイのスラロームで優勝し、海和俊宏氏が所属していた三井物産スポーツに入社。1982年の世界選手権大会（シュラドミング）、1984年サラエボオリンピックへ出場して着実に世界への歩みをはじめる。1985年のワールドカップ（ラ・モンジー）スラロームで10位以内に入賞する。現在は菅平パインピークスキー場にてスクールを経営している。

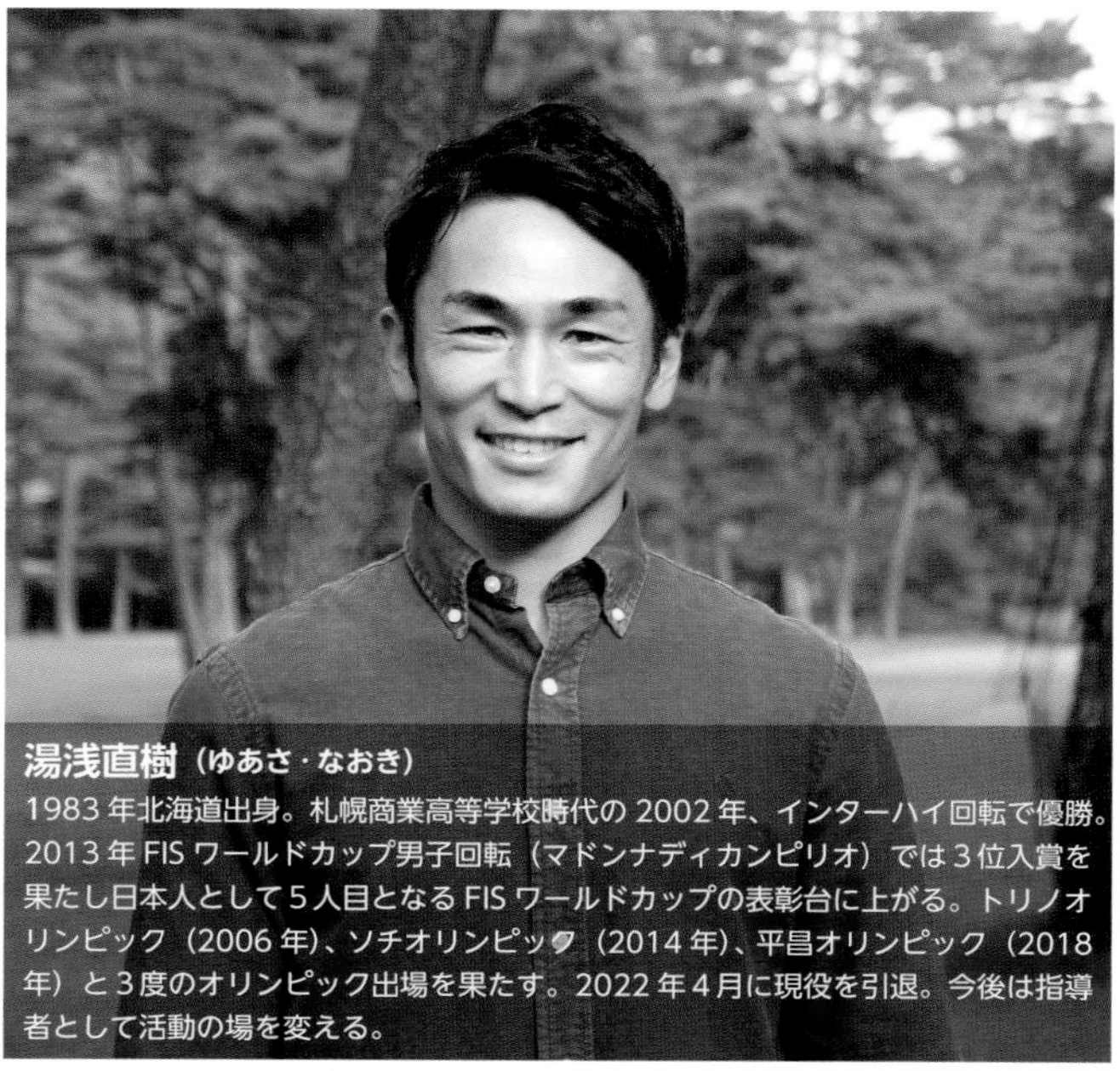

湯浅直樹（ゆあさ・なおき）
1983年北海道出身。札幌商業高等学校時代の2002年、インターハイ回転で優勝。2013年FISワールドカップ男子回転（マドンナディカンピリオ）では3位入賞を果たし日本人として5人目となるFISワールドカップの表彰台に上がる。トリノオリンピック（2006年）、ソチオリンピック（2014年）、平昌オリンピック（2018年）と3度のオリンピック出場を果たす。2022年4月に現役を引退。今後は指導者として活動の場を変える。

Part1
草レーサーのための
レベルアップポイント

「タイムが速くならない」「スムーズに滑れない」そのようなときのチェックポイントを７つ紹介します。

初級者編

ゲートばかり見てしまう

sia
志賀高原支部

ゲートまでにターンの70%を終える

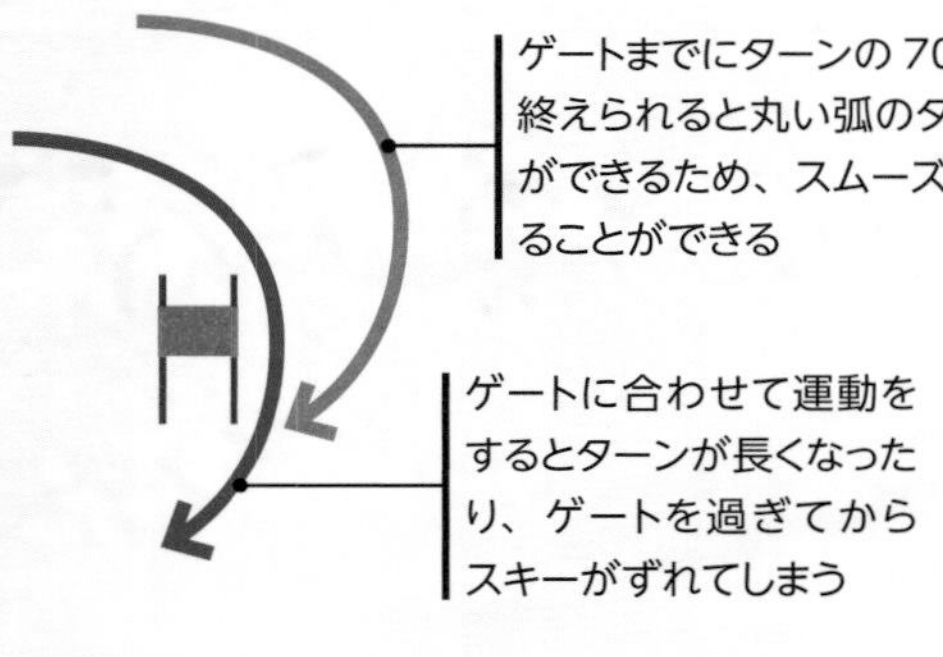

ゲートまでにターンの70%を終えられると丸い弧のターンができるため、スムーズに滑ることができる
ゲートに合わせて運動をするとターンが長くなったり、ゲートを過ぎてからスキーがずれてしまう

ゲートまでにターンの70%を終える

スキーヤーがゲートに入った時、始めに驚くのが旗のついたゲートです。このゲートを意識するあまり、肝心の身体が動かなくてリズムが取れずにバランスを崩したり、本来のスキー操作ができなくなるケースが多くあります。

ゲートに慣れていないスキーヤーは一般的にゲートに合わせて運動をしてしまうためターンが長くなり、ゲートを過ぎてからスキーがずれてしまいます。斜面が急になったり、振り幅が大きくなったり、逆にリズムが変わって細かくなったりした場合にその影響は大きくなり、場合によってはコースアウトや転倒してしまうことにつながります。フリー滑走のようなターンをゲートで描くためには、ゲートの位置までにターンの約70%を終えるような意識が大切です。ゲート滑走を反復することで逆にゲートを起点にリズムやタイミングが取りやすくなり、一般ゲレンデでのレベルアップにも大きく役立ちます。

後傾姿勢になってしまう

NG
後傾姿勢
ゲートでは無理な力が入りやすいため、ポールの通過後の切り替えで身体が引けたり、尻が下がったりしやすい

OK
前傾姿勢
ゲートまでは前傾姿勢を維持して大きなターンを描く。ゲート通過後は足首と腹筋を締め、腕を前に出す

ゲートまでは前傾姿勢を取り 通過後は足首と腹筋を締める

特にゲートでは無理な力が入るため、ゲートを通過して切り替えようとした際に身体が引けたり、尻が下がるなどの後傾姿勢になりやすくなります。特にターン中盤ではスキーの先端が下がりやすく、ターン後半では前半と逆方向にスキーが進むため体が後方に引けやすくなるのです。

またゲートを通過する際に怖がったり、逆に力みすぎることで低い姿勢になってしまい、後傾姿勢になることもあります。

克服方法としては、ゲートまでは前傾姿勢をとりながら大きなターンを描くこと。そして、ゲート通過後は足首と腹筋を締めて、腕を前に出すなどの補助的な動作をとることが基本となります。ターン中は上下よりも外傾姿勢のように横の動きが理想です。様々な条件でゲートを滑ることで身体が引ける位置や場面を知ることができ、滑走中での対応力も向上するでしょう。

中級者編

内スキーへの荷重が強すぎる

NG **内脚への荷重が多い**
内スキーに多く荷重すると外スキーがずれやすくなり、タイムロスの原因となる

OK **外脚への荷重が多い**
前傾姿勢や外向傾姿勢ができていることで正確なターンができる

前傾姿勢や外向傾姿勢により外スキーへの荷重を強める

バランスよく滑るためには両スキーに荷重をし、平行でスキーを操作することが大切です。ところが内スキーのほうに多く荷重してしまうと外スキーへの荷重が弱まり、動作の軸となる外スキーがずれる原因になります。外スキーがずれると減速の原因となり、リズムに乗れなかったり、なかなかタイムが伸びなくなってしまいます。スキーの基本でもある外スキーへの荷重は、ポールではより大切な技術となります。

具体的に外スキーへ荷重する方法として挙げられるのが前傾姿勢と外向傾姿勢です。外スキーへの荷重を強めようとして内スキーを上げても、前傾姿勢や外向傾姿勢が整っていなければ正確なターンはできません。特に切り替えからゲートまでは外スキーの先端方向に前傾姿勢を取り、上体よりも外スキーが先行してターンを描き、ターン終了まで外向傾姿勢を作ることで確実に外スキーへ荷重ができます。

無理にゲートへ当たる

ゲートに当たることが最優先ではない

ゲートに当たることが減速要素になることも多い。極端にインコースを通ることで直線的なターンになったり、無駄な力が入ってスキーがずれたり、当たろうとし過ぎて身体が内側に倒れてしまったりする

ゲートに当たることでタイムをロスしてしまうこともある

ゲート滑走を繰り返すとスピードに慣れ、ゲートへの恐怖感が薄れるため、ゲートの近くを通りたくなります。また速く滑ろうという意欲が沸くことで、意識的にゲートへ当たりがちになります。ゲートに当たることでタイムが向上する場合もありますが、極端にインコースを通ることで予想以上に直線的なターンになったり、無駄な力が入ってスキーがずれるなどタイムロスになる場合もあります。またゲートを倒そうとするあまり身体がターン内側に倒れ、内スキーへ荷重してしまう場面も多く見られます。

技術のレベルに関わらず、まずはターン中にしっかりとスキーをたわませるためにも、前半はターン外側への意識、後半は斜面谷側への意識を持って滑ることが基本となります。

ゲートを意識しすぎず、よりスキー上での姿勢や斜面状況を意識することが、結果的に速い滑りにつながります。

上級者編

カービングターンにこだわりすぎる

カービングターンにこだわらない
カービングを意識しすぎて強くスキーを踏み込んだ結果ずれてしまうことも多い。状況に応じてターン前半にスライドすることで、その後余裕を持ったカービングターンで滑ることができる

カービングターンにこだわることで逆にタイムが遅くなることも多い

カービングターンができる上級者に多い問題として、カービングにこだわりすぎることが挙げられます。特に体型が大きく筋力が強いスキーヤーにありがちな傾向です。

具体的な例としては、急斜面の深回りなどでカービングを意識しすぎるあまり強くスキーを踏みこんでしまい、結果的にずれを招いたり、次へのタイミングが遅れたりすることがあります。こうした場合の対策として効果的な動きは、切り替え直後に外スキーを素早くスライドさせる方法があります。専門用語ではシュテム（山開き）となります。

状況に応じてターンの始めにスライドすることで、その後余裕を持ってカービングで弧を描くことができ、ターンの連続性を高めることができます。ハイレベルな場面では、荷重・角付け・回旋と言った基本操作をバランスよく身につけることが大切です。

もう一つよくあるシチュエーションは、国内に多い柔らかい雪質です。こうした場面でカービングにこだわりすぎ、角付けを強めすぎることでスキーは雪に食い込んだり、逆に直進してしまいコントロールを失います。弱い角付けと適切な荷重、そして、荷重位置を調整して、個々のスキー形状に対応することが重要となります。

上級者編

どのゲートでも攻める姿勢が強すぎる

コースのレイアウトを把握する

大会では日頃滑ることが少ないセッティングがされることがある。事前にインスペクションでコースレイアウトを確認し、積極的に滑る区間とコントロールを重視する区間を把握しておく

積極的に滑る区間と減速する区間をインスペクションで把握しておく

練習ではよい滑りや好タイムが出せるものの、大会ではなかなか結果を出せずに悩んでいるレーサーも少なくありません。その原因の多くは、簡単な場面から難しい場面まで常に攻める意識が強すぎることです。緊張や力みによって大会特有の精神状態になることは誰しもが経験することです。また大会のように長いコースでは、斜面変化やセットの変化など練習コースにはない難しい状況が設定されます。

こうした難しい状況に対応するためには、日頃から滑りやすいゲートセットだけではなく急斜面や掘れたコースなど難しい条件を体験しておくことが大切です。そして、積極的に滑る区間と減速しながらターン（スピードコントロール）する場面を想定した練習を行います。

大会当日に行われるインスペクションを日頃の練習でも丁寧に行い、滑走中に次のターンを予測して滑れるよう準備しておきましょう。

共通編
マテリアルが合っていない

自分に合った用具を選ぶ

特にスキーとブーツはスキーヤーにとって重要になる。常にトップモデルをセレクトするのではなく、自分の体力や筋力、滑りのタイプに合わせて選ぶことが重要になる

自分に合ったサイズや硬さをチョイスする

特にスキーとブーツはスキーヤーにとって大切な用具です。スキーとブーツのどちらもサイズや硬さがメーカーによって異なるため、自分に合った選択が大切です。選択するポイントですが、公認大会に出場する場合はルールに沿ったものが必要です。しかし草大会などルールによる規定がない場合には、無理に長いサイズや硬いスキーを選ばないことも重要です。また、ブーツはバックルを締めた際にしっかりフィットするものを選び、前方へ柔軟性あるものが理想です。

それからスキーのメンテナンスですが、ワクシングによって滑走性をしっかりと保ち、スキーの性能を正しく活かすためにエッジを研ぐ必要があります。特にエッジ研ぎはレーサーのレベルや雪質に応じての調整が求められるため、日頃の練習で試すことをお薦めします。

滑走中の快適さ、タイムアップ、そして怪我予防のためにもぜひ参考にしてください。

Part2
ゲートトレーニングの基礎知識

具体的なトレーニング内容に入る前に、ゲートのトレーニングで必要になる知識やトレーニングの進め方を説明します。

競技スキー指導者・コーチのあり方

一般スキーと競技スキーの共通点と相違点

共通点

●荷重・角付け・回旋を基本とした運動と操作でターンが行われる
●安定したターンを行うことで、雪質や斜面に対応したり、ゴールまで滑りきる
●スピードをコントロールした連続ターンで滑る
など

相違点

●規制されたコースを滑る
●種目によってセッティングが異なる
●公認大会の場合はスキーの長さやラディウスなど、用具に規定が定められている
●テクニカル要素に加えてメンタル面での強さも求められる
など

指導者に求められるたくさんの能力

まずは競技スキーの指導者のあり方について述べたいと思います。

競技スキーの指導者に求められる能力は、「目的に応じた指導」「年代に適した指導」「目標レベルにあった指導」など、かなり範囲が広くなります。また、「用具の準備」や「適切なコースの確保」「安全性を確保しながらの練習」など、情報収集と経験が必要です。さらに一般競技スキー愛好者やユース世代の選手に対しては、基本練習などの模範滑走も必要になることから、指導者自身が一定の経験と技術レベルを身につけていることが求められます。

これらのなかでも特に安全性については、スピードコントロールされたセッティングと樹木や鉄塔などの障害物の確認、そして雪質や天候によって生じる危険を適切に判断することも求められます。

ゲレンデを占有して滑ることのできるゲートトレーニングの楽しさや、結果を求められるアスリートとして

その他の注意点

注意点	詳細
複数のゲートコース	複数のコースが使用されている場合には、スキー場の指示を守り、適切な間隔を保つ。受講者同士の衝突を避けるため、コースの間隔が近い場合には同調したセットにする。また同時にスタートしないように、スタートをずらす。ゴールが明確になるようストップゾーンを設けて受講者へ伝える。
一般コースの滑り方	競技スキーヤーのフリー滑走は一般的に高速化しやすく、重大事故の確率を高めると同時に一般スキーヤーに不快感を与える。一方でゲレンデでは一人ひとりがそれぞれのターン弧やスピードで滑っており、初心者や団体レッスンなども行われている。そのため混雑状況に合わせてスピードをコントロールしたり、周りと十分に距離を取って滑ることを事前に指導する。同時にゲレンデで衝突事故を起こした場合には、滑走スピードが速く、追い越しをした側に責任があることも伝えておく。
マテリアルの確認	ビンディングの解放値の調整は非常に重要であり、スキーヤーの体重に応じたセッティングを行うこと。特にゲートトレーニングでは、規制された中で同じ滑走ラインを滑るため、解放値を強める傾向にある。ビンディングが解放することによって怪我をするリスクもあるため、指導者がレベルと状況にあったアドバイスを行いたい。スキーについては長いサイズを使用する傾向があり、高速ターンなど難しい場面での怪我につながりやすい。特にエッジを鋭く研ぐ傾向にあるため、トレーニングでの雪質に合わせた調整方法も指導する必要がある。

の厳しさまで、指導対象に応じた指導知識を身につけることで、それぞれの目標を達成できる指導者といえます。

ゲートトレーニングの安全対策

ゲートトレーニングでは、滑走スピードが速い種目ほど大きな怪我のリスクが高くなるため、細心の注意が必要です。特に次に挙げる項目に対して、細心の注意を払って指導にあたりましょう。

❶使用コース

チームや参加者のレベルに適した斜度を選び、効率的で楽しんで滑れることが大切です。また参加者がアスリートの場合には、トレーニングの種目や練習に応じた斜度、斜面変化や片斜面などのコースを設定することも必要になります。

❷障害物の確認

使用するコースに障害物がある場合には、できるだけ安全ネットを設置します。重大な事故の大半は、樹木やリフトの鉄塔、降雪機の設備機器への衝突であるため、ギャラリーネット（上級者はBネット）の設置が求められます。ネットが設置できない場合は、ゲートと障害物の間を回転種目は8ｍ、大回転種目は10ｍを目安にします。また、トレーニング中に危険を察した場合は更に距離を取ったり、速やかに中止の判断をします。

❸一般ゲレンデとのセパレート

一般スキーヤーとの接触を避けるため、一般ゲレンデとの境をロープやネットでセパレートすることが必要です。緩斜面であってもブラシなど目立つものでマーキングをします。

これらに加えて上にまとめた3つについても注意を払うようにしてください。

❹コース整備

指導者自ら整備にあたり、定期的に受講者と一緒にコースの整備を行います。コースのスタートや途中にはスコップなど排雪出来る備品を置くことも安全対策となります。

指導者に必要な知識と滑りの分析ポイント

競技スキーに必要な知識と技能

スポーツ指導者に共通する項目	トレーニング科学	●トレーニングの基本的な考え方と理論体系 ●戦術トレーニング ●体力トレーニング ●技術トレーニング ●メンタルトレーニング
	スポーツ医・科学	●スポーツと健康 ●外傷と障害の予防 ●救急処置 ●アンチ・ドーピング ●スポーツと栄養 ●スポーツの心理
ゲートの専門項目	●現場における理解と対応 ●ライフステージに応じたコーチング ●プレイヤーの特性に応じたコーチング ●コーチングにおけるリスクマネージメント ●クラブチームの運営と事業 ●コーチング現場の特徴	

競技スキーに必要な能力

技術とは？	姿勢／スキー操作／ターン／スピード／ジャンプ	
体力とは？	身体条件	体質、人種、タレント性、健康体調
	基礎体力	スキー専門体力、持久力、瞬発力、柔軟性
	調整力	方向性、バランス、左右差、反応
戦術とは？	セット、斜度、斜面変化、雪質	
環境とは？（自然や外的要素）	雪面、斜面、試合展開、練習条件、コーチ指導、天候視界、家族環境、世論	
心理とは？（精神面）	勇気、リスク準備、感情、動機、決意、緊張	
用具とは？	レギュレーション（長さ・高さ・幅など）、性能（フレックス・トーションなど）、チューンナップ（エッジ・滑走面など）とワクシング	

多くの知識が求められる

指導者には「さまざまな分野への知識」と「お客さまの前で実践できる技術」の両方が必要です。本書ではスノースポーツ教師に必要な様々な知識を紹介しているため、ここでは概要のみを紹介しますが、おおよそ必要な知識と技能は、上の表にまとめました。

これらの内容を、①計画性、②雪上練習の進め方、③パートごとのターン分析、④改善のための対策、⑤選手へのフィードバック、⑥反復と復習といった組み立てで確認し、指導していきます。そしてこの6項目の的確さや一人ひとりに合わせた多様性をもつことが、指導者としての質につながります。なかでも③の分析については、この後詳しく紹介しますので、ポイントをしっかりと理解してください。

もうひとつ重要なことは、上の表にまとめた「競技スキーに必要な能力」です。スキー技術以外にも多くの要素が必要なことを理解し、それ

上体の向きと身体の傾きを比べる（比較の例）

４つの写真は急斜面、アイスバーン、深回りなど条件が厳しくカービングができない局面である。写真１の切り替え位置では雪面から離れることなく、傾斜へ垂直な姿勢をとる。写真２では上体を安定させ、外スキーからスライディングさせて素早く次の方向へ向ける。この操作によって外向姿勢と前傾姿勢が素早く整えられ、写真３のような外傾姿勢を可能にする。さらにマキシマムとなる写真４までは姿勢を維持することで、正確な外スキー荷重でのターンが可能となる。脚を利用したスキー操作と瞬時の判断が求められる

が実践できる指導者になれるように努めてください。

トップレーサーとの比較で現状を分析する

近年のレーシングシーンでは、より無駄のない運動とスキー操作、そして各場面に適応したライン取りを描くことでスタートからゴールまでのマネージメントを行っています。特にトップ選手の精度は高く、パワーだけに頼らずに合理的な動きを加えています。

両スキーを雪面にしっかり張りつけるような荷重をしながら、外スキーを正確に使うことで、外スキーがスピードを生み、規制されたゲートを確実にクリアします。外スキーを操作するのは外脚の足首・膝・股関節などで、常に内脚より様々な動きが求められます。

また外スキーは、上体の進行方向に対して常に先に回転してターンを描きます。それによって生まれる「外向姿勢」の強弱を利用し、ターン前半からマキシマムまでをコントロールします。同時に腰をターン内側に入れる「外傾姿勢」を加えることで角づけが強まり、スキーのたわみを生み出してカービング要素を出していきます。さらに適切な前傾姿勢を加えることでたわみを強めることができます。

ターン後半では、滑走方向が変わるため、上体をスキー方向へ向けることで推進力が増し、また谷側の肩や腕を下げることで外スキーに継続的な荷重ができ、谷側への重心移動も可能となります。さらに荷重位置をスキー後方に移すことで、より滑走性が生まれます。

ターンの各位置で適切な姿勢や操作を身につければ、ターンをコンパクトに描くことができ、結果的にターンとターンを直線に近いラインでつなぐことができます。

アルペンスキーやゲートトレーニングは一つのフォームで滑りきることは難しく、トップレーサーの技術を参考にして姿勢や操作、そして運動などの部分練習を取り入れ、段階的なトレーニングを行うことが指導者には求められます。

5つのターン要素に細分化する

ターンの局面を理解することで指導力も技術も向上する

5つのターン構成とゲートトレーニングの流れ

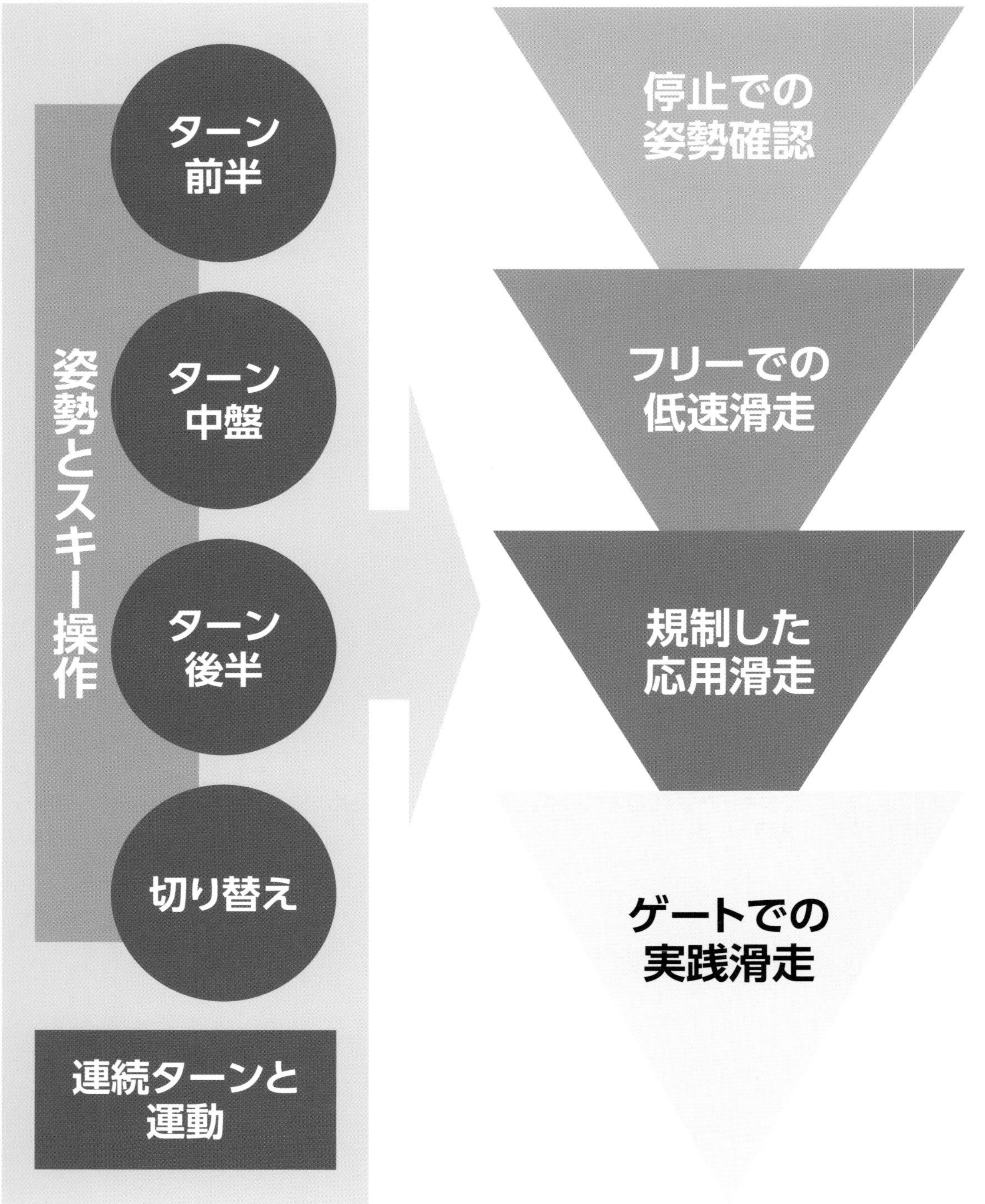

ゲレンデを連続ターンで滑ると、斜面と身体に対するスキーの方向が変わってバランスを崩しやすくなります。また、切り替えを境に遠心力などの外力の方向も変わるため、外スキーと内スキーが逆転します。

ゲート滑走は規制されるため、1つのフォームで滑るだけでは状況に対応できなくなります。ターンの各局面をよく理解し、その場ごとに正しい身体の姿勢とスキー操作をすることがより求められます。そこで「ターン前半」「ターン中盤」「ターン後半」「切り替え」の4つに「連続ターンと運動」を加えた5つのターン構成を考えましょう。

この5つのターン構成が前のページの分析ポイントであり、速さに直接関係する動きになります。そしてこれらの動きを基礎的な動きから段階を踏み、ゲートに必要な技術までつなげていくように指導をしていきます。

それぞれの具体的な動きについては、左ページで詳しく紹介します。

5つのターン構成の詳細

ターン前半	●前半の役割は、前のターンのスピードを極力活かして持続性を保ちながら、ゲートにタイミングを合わせてスキーの操作や姿勢を整えること。ゲートの狙い方は次のゲートに応じてコントロールし適切なライン取りを選択する。 ●姿勢： 外スキーの迎え角による外向やターン内側へのくの字（外傾）で作る「外向傾姿勢」を利用しながら、外スキーへスムーズな荷重・角付けを加える。スキーをスライドさせる場合には荷重するタイミングをやや遅らせ、カービングの場合は早めに行う。 ●操作： スライディングの場合は山開きを利用してプルークスタンスをとり、カービングの場合はパラレルスタンスをとる。ミスターンやリカバリー以外は外スキーから始動し、角付け・荷重の順に動かす。ゲート上部でターンを描くことでより状況対応の幅が広がる。内スキーは外スキーよりも荷重・角付けが強まることはなく、あくまで補助的な役割になる。外向傾姿勢を生かした外スキー荷重は長いスキーほど強調しやすいため、短いスキーを使用する場合は外向傾姿勢は少なく、両スキーの荷重バランスは近くなる。
ターン中盤	●ターンをコントロールする上で最も大切なのが中盤である。スキーに対して強い荷重をしすぎるとゲートの内側に入り弱い荷重となるためずれやすく、ターン後半に修正が必要となる。ターンマキシマムまでスムーズにつなぐことが主な役割となる。それによってマキシマムではより正確で強い荷重となり、後半の走りにつながっていく。 ●姿勢： 基本となる外向傾姿勢と前傾姿勢を維持しながらターンマキシマムに向けてそれぞれを徐々に強める。そうした姿勢をスピードやターンに応じて全身の軸を内側に傾けることも大切である。 ●操作： パラレル操作が基本となるが、外スキーの荷重を強める場合はプルークの意識をすることも必要である。
ターン後半	●ゲート通過後のターン後半は、進行方向が変わることでスキーと身体に負担がかかる。それによってスキーがずれたりバランスを崩しやすくなるため、ターン前半や中盤までと異なった意識が大切となる。 ●姿勢： 外傾姿勢を維持しながら上体は外スキーを追いかける形で次のゲートへと方向を変える。ただし、外スキー方向より内側に向くことはよくない。また、切り替えまでの斜滑降の際、体（重心）は谷側に移動させ谷スキーとのクロスオーバー（軸の入れ替え）を行う。 ●操作： マキシマム後は推進力を生かすために前傾姿勢はスキーセンターに移動し、角付けは重心移動によって徐々に弱めることを基本とする。また、切れ上がる場合は外スキー（谷スキー）に長く荷重し、直線的なターンでは内スキー（山スキー）も利用する。状況に合わせた操作で対応できることも大切となる。
切り替え	●切り替えはターンとターンをつなぐ重要な局面であり、スキー方向、身体の方向、軸の傾、傾斜が変わることから難しい局面となる。また、切り替え位置によってライン取りを調整することも大切。 ●姿勢： 上体はターン後半の姿勢を保ち、基本的には脚（下半身）を使ってスキー方向をかえる。脚を動かしやすいように基本は立ち上がりを利用するが、無駄を省くためにも局面によって調整は必要である。 ●操作： カービング・スライディング、共に次の外脚を使い外スキーから操作することを基本とする。カービングは角付けでの切り替え、スライディングは内旋を伴う操作となる。また、スライディングにはテールを大きく開くものとブーツを軸に内旋させる方法があるため状況に応じて選択する。
連続ターンと運動	●上下運動と左右運動によってターンは連続される。上下運動はターンとターンの間で、左右運動はターン中の動きとして考える。運動は上半身を安定させ主に下半身を使うことが基本となる。また、連続ターンではスピードとセッティングに合わせた運動の適応が大切となる。反復するリズム、マキシマムへのタイミング、そして、スピードに応じたテンポなどをインスペクションで読み取ることも重要である。

練習テーマを4つに分ける

ゲートトレーニングの流れ

停止での姿勢確認

「足首、膝、腰の基本姿勢」「上半身を止めて下半身での逆ひねり」「膝や腰を曲げてのくの字」など基本となる姿勢を平地で確認する。

フリーでの低速滑走

停止で確認した姿勢や身体の動きを低速で滑りながら確認する。直滑降や斜滑降から始め、その後は連続ターンで行い、徐々に高速フリー滑走で確認する。

規制した応用滑走

ターンの形状やスピードをコントロールすることを目的に規制滑走を行なう。まずは低速で滑ることを繰り返し、徐々にスピードを上げる。その後、ライン取りやリズム、タイミングを意識し、テンポも変えてみる。

ゲートでの実践滑走

実践的な滑走の中はゲートではなく各ターン位置での姿勢、操作、そして、ライン取りに集中する。ロングゲートとの距離感を保ち無駄な動きを確認する。長いコース、斜面変化、セットの変化など条件を発展させる。

より具体的なテーマを設定する

すべてのスポーツにいえることですが、指導者側からの一方的な技術指導だけでは、上達に限界があります。小学生頃までの幼少期は、さまざまな動きや技術を真似したりして滑ることである程度は習得できますが、ジュニア世代やシニア世代に対しては理論をベースとした技術の全体像を説明する必要があります。

雪上では、ゲートを使った実践型の滑走に偏るのはよくありません。「停止してフォームを伝える」「フリー滑走での低速滑走」などを交え、選手たちの理解度が深まる工夫が大切です。

まずは各ターン位置での技術を身に付けた後に連続ターンができるようになれば次に「ターンの幅を規制する応用滑走」でさらにコントロール能力を高めます。最終的には、ロングゲート内でも矯正を目的としたマーキングを置いたりして、より具体的な達成目標を設定した雪上トレーニングの進め方が理想になりま

ターンの仕組み

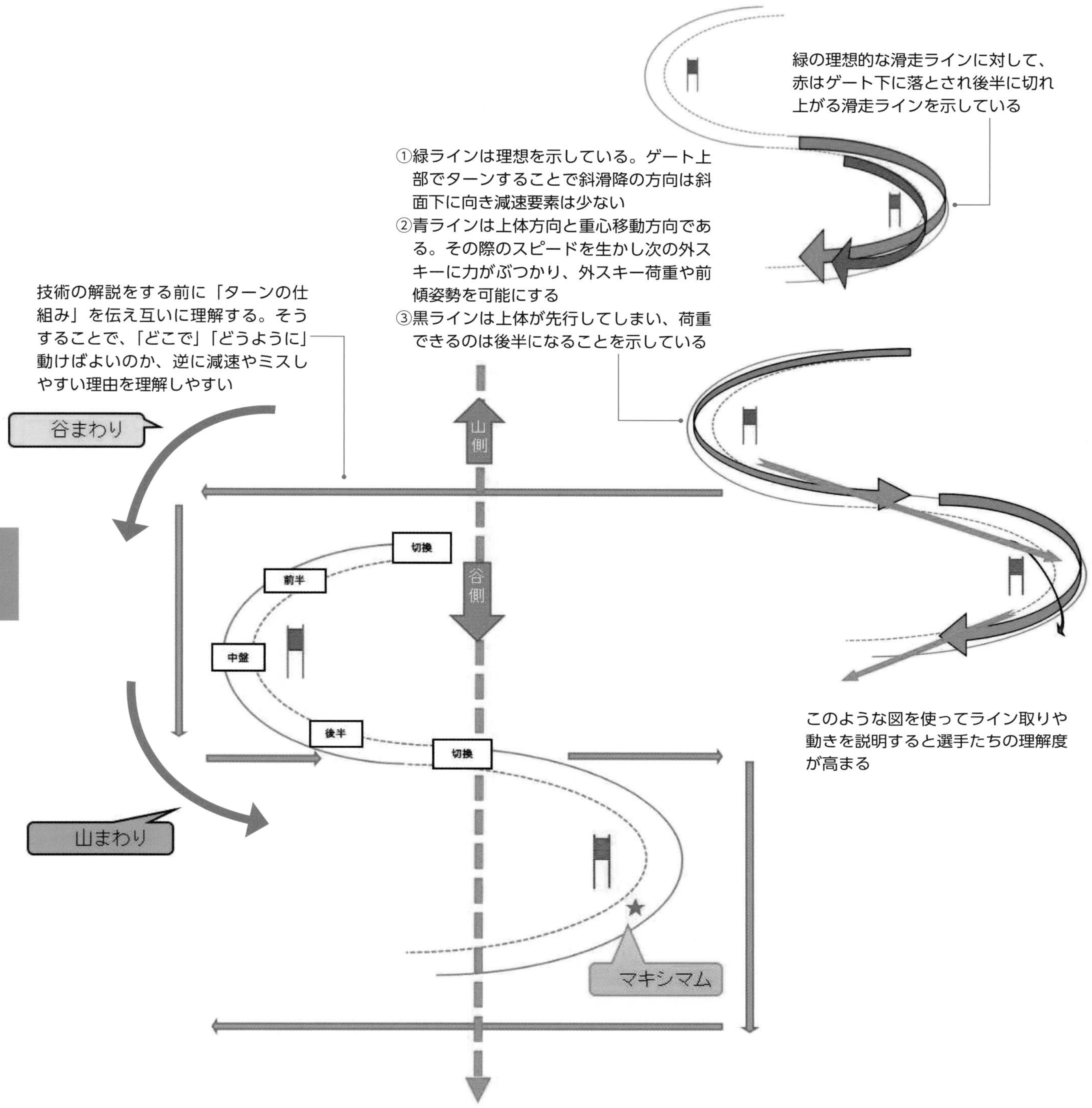

緑の理想的な滑走ラインに対して、赤はゲート下に落とされ後半に切れ上がる滑走ラインを示している
①緑ラインは理想を示している。ゲート上部でターンすることで斜滑降の方向は斜面下に向き減速要素は少ない
②青ラインは上体方向と重心移動方向である。その際のスピードを生かし次の外スキーに力がぶつかり、外スキー荷重や前傾姿勢を可能にする
③黒ラインは上体が先行してしまい、荷重できるのは後半になることを示している
技術の解説をする前に「ターンの仕組み」を伝え互いに理解する。そうすることで、「どこで」「どうように」動けばよいのか、逆に減速やミスしやすい理由を理解しやすい
谷まわり
山側
切換
前半
谷側
中盤
後半
切換
山まわり
マキシマム

このような図を使ってライン取りや動きを説明すると選手たちの理解度が高まる

す。もちろんこれらの練習の順番が変わることもあります。

4つの練習テーマについて

ゲートのトレーニングでは、基本的なテーマを4つに分けて練習します。そのテーマをまとめたものが右ページの図です。このようにはじめに簡単な条件から指導をすることは、上達を早めると同時に正確で速い滑りに直結します。

けれども常に図の順番で行うのではなく、トレーニングの時期や選手の理解度、天候や雪質などに応じて変えていきます。また、それぞれのテーマに対して「より具体的な見本と説明」を提示したり、トレーニングを補助する手段を講じると、選手たちのイメージを高められます。さらにゲート内に簡単なマーキングなどをすると、リズムやタイミングが取りやすくなり、技術を無理なく習得できます。

このPartでは、この4つのテーマに沿って具体的な練習方法を紹介します。

ゲートのライン取り

技術レベルに合わせてライン取りを変える

図1 ターンの種類とサイズ

ターンは次のように分けられる

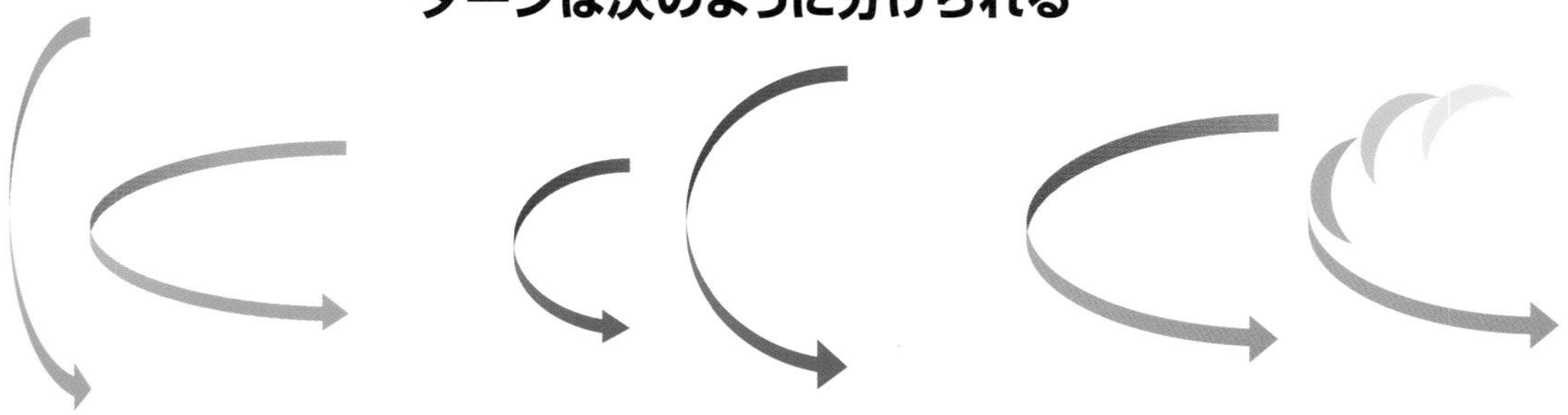

浅周りと深回り

左右のふり幅によって異なる「浅回りターン」と「深回りターン」

細かいと大きい

異なるゲート間隔に対応する「細かいターン」と「大きなターン」

カービングとスイング

「カービングターン」（ずらさない）と「スイング＆カービングターン」（調整のためのずらし）

図2 技術レベルとライン取り

コース取りはこのように分けられる

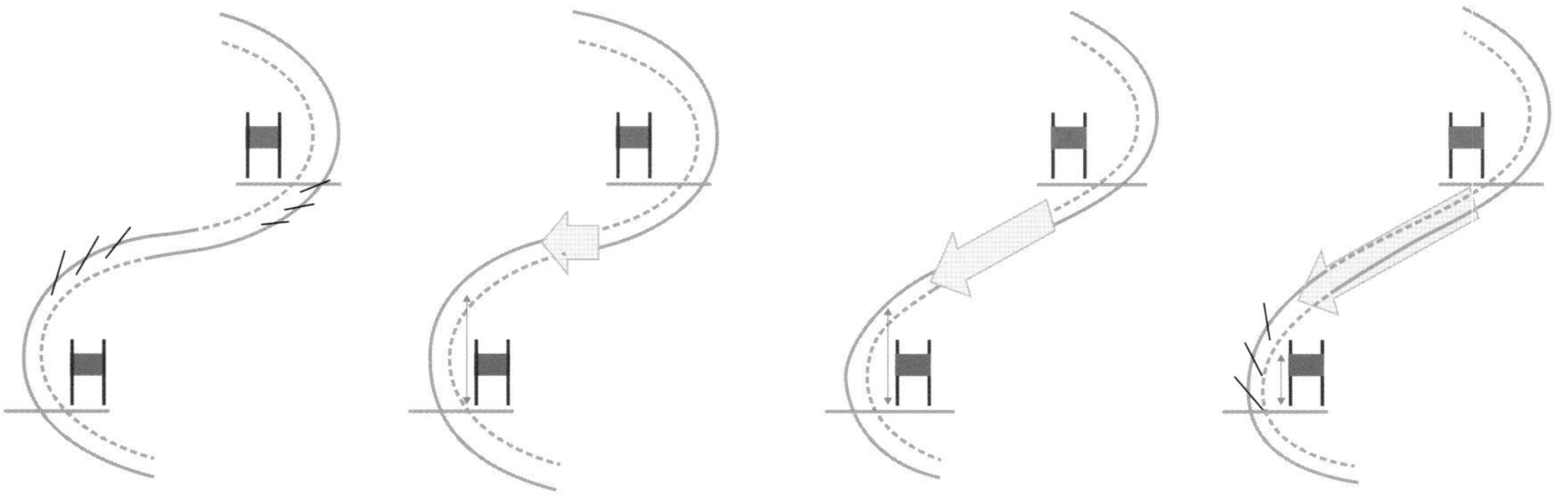

よくある失敗例

ポール入門者やスムーズなターンができない場合に見かける。赤ゲートのようにスピードに耐え切れずターン後半でずれたり、逆に警戒しすぎてターン前半にずらしてしまう。

ライン 1

赤ゲートで擦れることなく、また、青のターンはゲートの外側を大きく回るターンである。余裕をもったよいターンだが局面によってはタイムロスする場合もある。

ライン3

タイムを追求するライン取りになる。ライン１よりターン弧をより小さくコンパクトにし、その分ゲート間を直線的にする。スキーをより斜面下へ向け積極的に推進力を生かす方法。

ライン3

斜滑降をより長くとると同時にターン始めに意識的にスライディングさせる。特に長いスキーで深回りセットを滑る際にはこうしたターンと操作が求められる。より抵抗の少ないスライディングを利用し、素早く方向を変えてからゲート通過するハイレベルな技術となる。

このパートの最後に、ゲートを滑る「ライン取り」について解説します。

均等に見えるゲートですがコース状況はターンごとに異なります。いろいろなターンの種類を知り、身につけ、状況にあった動きで対応することが求められます（図1）。

またライン取りですが、図2は同じセットに対して4つのライン取りを解説したものです。よくあるNG例と技術レベルに応じた3つのライン取りになります。ラインは技術レベルに応じて異なるため、自分のレベルに合わせてラインを選択します。

ライン取りは切り替え位置が非常に重要です。図3は4段階の切り替えはじめの位置を示したもので、技術レベルとターン弧の深さによって異なります。同時に「より速く滑る」ことを考えた場合に、今自分が通っているラインとより上のレベルのラインを比較することで、「どこを通れるようになればよいのか」、「そのためにはどこのタイミングで切り替えれば

図3 ゲート位置とターン弧

ゲートに当てはめてターン弧を描く

ターンとゲート位置の関係

ターン方向 開始 / 確定

・ターン始動をする開始位置と完成させる確定位置を知る

30%

・ターン始動部分であるが、ここにゲートを置くことはタイミングも大きく遅れターンの継続ができなくなる悪い例である

50%

・この後にターン方向が変わるため負荷が加わる。そのためここでゲート通過することは大きなブレーキングとなる

70%

・ゲートをターン弧 70% の位置に設定し、ここでマキシマムを迎えることが理想である。それによってターン確定位置に向け、ズレがなく滑走性の高いターンを可能にする

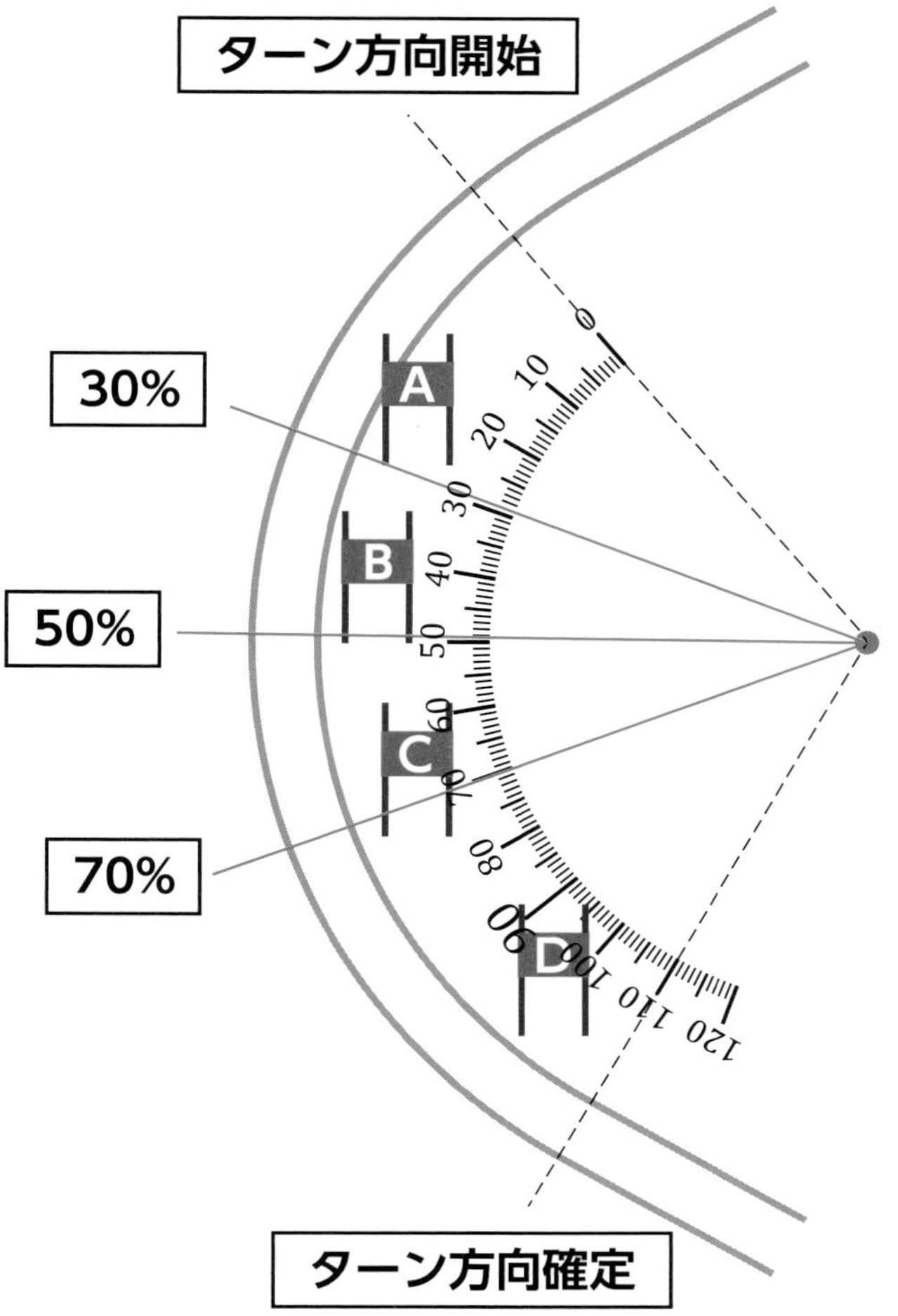

ゲートA

ほぼゲートを過ぎてからターンを行うため、後半にズレが生じやすい。直線的な狙いや切り替え位置が早すぎることで起こる。特にGSにおける長いスキーサイズの場合は避けなければならない。リカバリーとしてはゲート前で大きくスライディングするか、後半のターンを丁寧に描き徐々に復帰する方法が望ましい。

ゲートB

ターン弧の中間位置であるが実際にはタイミングが遅く後半に抵抗が大きくなる。一般的には、ゲートを起点に前半と後半だと考えやすいが、現実的には遅いタイミングとなる。特に深回りターンではゲート手前でのターンが求められる。

ゲートC

最も強く雪面を捉えるマキシマムがこの70％の位置である。ターン始動後にスムーズに荷重し、適したライン取りを描きながらこの位置にタイミングを図る。逆にゲート通過後は様々な方向性へ対応でき次への準備もできる。

ゲートD

ゲート入門者や恐怖感があるスキーが参考にすべきゲート位置である。上級者の場合、ここまでゲートを待ってしまうことは前半に余裕がありすぎロスタイムとなる。ただし、直後に斜面変化やリズム変化がある場合はこの位置にゲートをおき、直後の切り替えも考えられる。

よいか」というヒントになります。

また、さまざまなターンを描けるようになったら、ゲートのどこを通過するのかを考えて弧を描くことになります。図3の説明は基本的なものですが、スピードやセットの細かさによってターン弧とゲートに対するライン取りは変わってきます。そのため、定期的にタイム計測を用いたトレーニングをし、速い（効率のよい）ターンを探す必要があります。

次ページの図4は、ターン方向の開始地点から次のターン方向が確定するまでを100%とし、その間にいくつかのゲートを置いたものです。より具体的な指導をするために、ターン弧とゲート位置の関係を整理しておきましょう。たとえば、Aのようにゲートに入ると、後半にスキーを回し込む必要があるため、減速要素が大きくなり、Dに近くほど減速要素が少なくなります。

図4 切り替え位置とライン取り

切り替え位置はレベルとターンの深さで分けられる

切り替え位置と対象レベル

40% ・余裕があるタイミング
・ステージⅠ＆Ⅱレベル

50% ・基本的なタイミング
・ステージⅢレベル

60% ・積極的な狙い
・ステージⅣレベル

70% ・最速のタイミング
・ステージⅣ＆トップレーサー

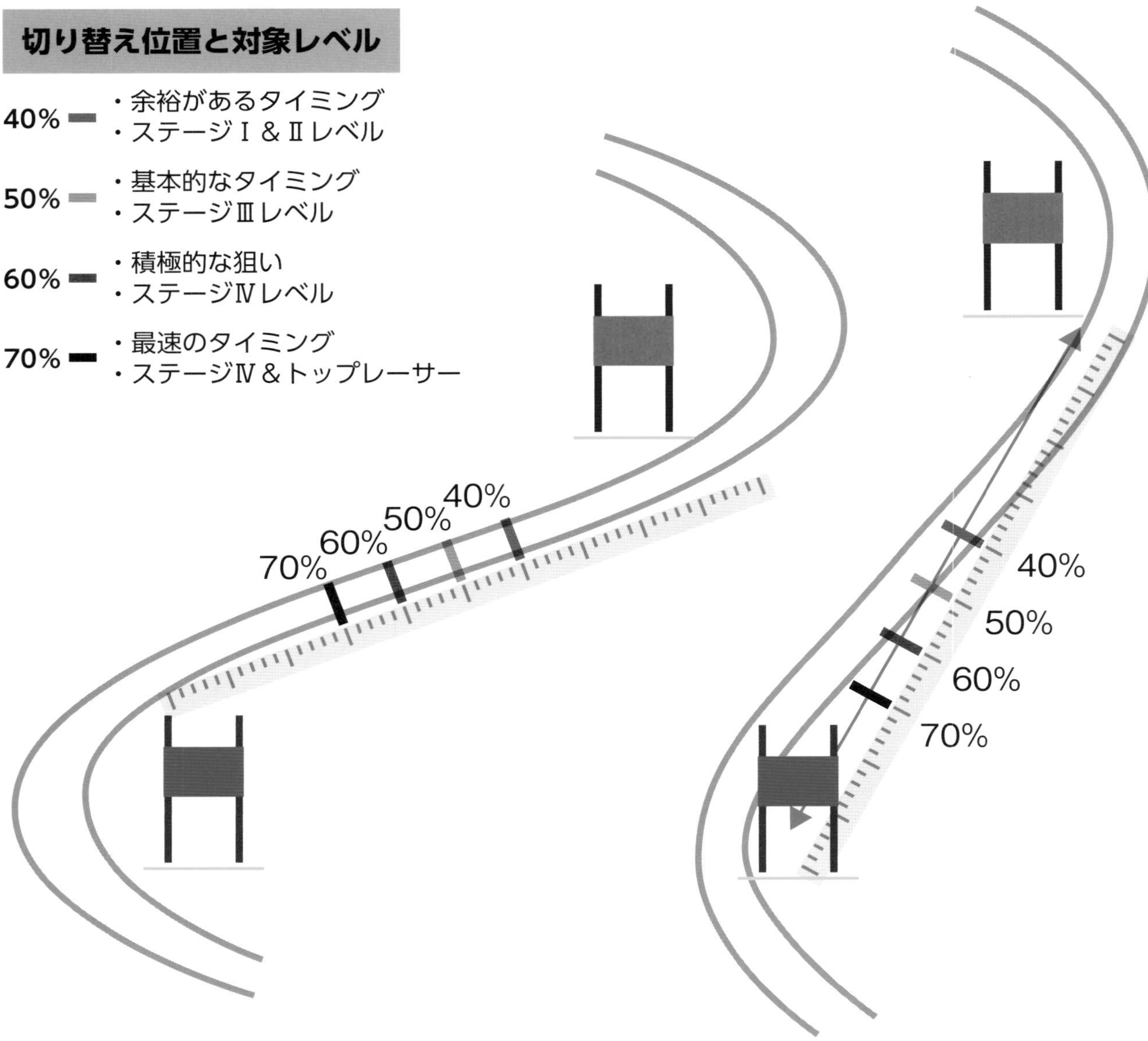

深回りのターン

急斜面の場合が多く次のターンへの準備時間が必要になるため、一般的には 40% ～ 50% の位置が基本。ハイレベルの選手は切り替え操作やターン始動が素早いため、60% ～ 70% の位置が目安になる。切り替え位置を遅らせる理由は、前のターン後半の斜滑降を長く取ることで推進力を得ることと、次のゲートの外側でラインを描くことができるからである。

浅回りのターン

フォールライン方向へより直線的なライン取りとなる。一般的には緩斜面や中斜面の場面が多く、前のターンをコンパクトに仕上げ、抵抗の少ない直線的な部分を長く取ることが求められる。スピードが速くない場合の浅回りセットでは 50% ～ 60% の位置で切り替えをし、ハイレベルのレーサーは 60% ～ 70% まで切り替えを待つことでスピードアップが図れる。

Part3
ゲートのトレーニング
基礎編

このPartではスキーの基礎力を上げる静止や低速でのトレーニングを中心に紹介します。

ゲートトレーニングの流れ

ジュニア世代以上は理論をベースにした指導を

ゲートトレーニングでの技術指導を行う場合ですが、指導者の一方的なやり方では、なかなか上達に結びつかないものです。小学生など年齢が低い段階では、様々な練習を通じて身体で技術を習得しますが、ジュニアからシニア世代においては理論をベースとした技術の全体像を説明する必要があります。

さらに雪上ではゲートの実践滑走に偏るのではなく、停止した状態でフォームを伝えたり、フリーによる低速滑走を交えることで選手の理解度が深まります。フリー滑走では、与えたテーマを連続ターンでできるようになったら、次に幅を規制した応用滑走でよりコントロール能力を高めます。

最終的には、ゲート内に規制のためのマーキングを置き、より具体的に雪上トレーニングを進める方法が理想となります。

もちろんこれらの順番を変え、トレーニングの時期や選手の理解度、

天候や雪質などに応じて実施することもできます。

ゲート滑走の技術は大きく4つに分かれる

どのようなスキーヤーでも、いきなりゲートを滑ることは難しいものです。とくにゲート未経験者にとっては、楽しさを味わうことができず、窮屈なもので終わってしまう可能性があります。

ここでは規制されたコースを滑走するための基本的な動きを、①停止確認、②低速滑走、③ターン規制滑走、④ゲート滑走という4つのテーマに分けて紹介します。①から④のように簡単な条件から指導することは、上達を早めると同時に正確で速い滑りができるようになります。

さらに指導者による「より具体的なお手本の滑り」と「説明」によってイメージを高めることができます。同時にゲート内に簡単なマーキングなどを置くことにより、リズムやタイミングが取りやすくなるため、専門的な技術を無理なく習得できます。

停止での姿勢確認

スキー操作のベースとなる基本姿勢を確認する

ゲート滑走において、さまざまな身体の動きを行うことは難しいものです。

基本姿勢での上体の方向はスキーの向きと同じですが、ゲート滑走では上半身と下半身がひねられることがあります。

また、ターンを確実に完成させるためには外スキーの操作がより重要となり、そのためには身体を横に曲げるなど、フリー滑走以上に身体の明確な動きが求められます。

それぞれの動きの役割を「平地」と「傾斜」で停止し、滑走中のシミュレーションをすることからはじめます。

基本姿勢を確認する

足首、膝、股関節を適度に曲げて立つ

前後や左右、上下に動ける基本姿勢を確認する

設定と条件

- 足首、膝、股関節といった大きな３関節を適度に曲げ、リラックスした姿勢で立つ
- 重心はブーツトップに置き前後のバランスを取る
- 腕の位置は前に伸ばし大きなボールを抱えるくらいの幅を保つ
- スキーの幅は股関節と同じ程度にして左右のバランスを保つ

目的（ターンのどの位置か）

- 体重の３倍以上の力が加わるゲート滑走では、基本姿勢を取ることでスキーに無駄なく力を伝えられる
- 斜面に対して進む方向が変わるため、スキーがブレーキとなったり加速したりすることへ対応できる姿勢を整える
- 最も負荷が強まるゲート通過の際や通過後のターン後半で大切な姿勢となる

動きのチェックポイント

- 背中はまっすくにしすぎず自然な体勢を取り、上下運動がスムーズにできる姿勢を保つ。
- 膝は、スキー、股関節との直線上に置き左右に動かしやすいことを確認

効果

- 正しい姿勢は、高い姿勢で滑る際や抱え込むなど、自由に脚を動かせることにつながる
- 負担が強い GS や素早い操作が求められる SL にも対応できる
- どのような斜面にも適応でき、安定したバランスを維持できる

他との連動性

- 前後に身体を動かし重心移動をしてみる
- ターン前半の前傾姿勢やターン後半の後傾姿勢など、重心移動のコントロールを知ることができる

注意点

- 空気抵抗を避けるために上体を大きく前傾させるなど、条件に応じてさまざまな姿勢を取るが、どの姿勢でも腰が下がってしまうとミスの原因となる

設定と条件

・平地で基本姿勢を取り身体全体を前後に移動させる。

目的 (ターンのどの位置か)

・傾斜を滑り降りるための基本となる前傾姿勢を知る
・失敗の原因となる後傾姿勢を体験する。
・それぞれの位置において足裏で圧を感じ取り、重心位置を明確に確認する。

動きのチェックポイント

・膝や腰の曲げだけではなく全身(重心)が動くことを確認
・ブーツの前や後ろへ脚があたっているかを確認
・腕は全身と連動して動かす

効果

・足の裏、ブーツ、スキーなどそれぞれにおいて荷重感覚を知ることができる
・ターン前半と中盤で必要となるスキー前方への荷重ができるようになる
・ターン後半に必要となるスキー後方への荷重感覚を得ることができる

他との連動性

・外向傾姿勢などのひねり動作は、スキーに対しての前後の動きと連動して行われる
・外スキーや両スキーの荷重時には、前後の動きが発生する

注意点

・空気抵抗を避けるために上体を大きく前傾させるなど、条件に応じてさまざまな姿勢を取るが、どの姿勢でも腰が下がってしまうとミスの原因となる
・前後の荷重感覚がつかめない場合は、上下に身体を揺らしたりジャンプしながら重心位置を変えてみる

前後の動きを確認する

基本姿勢を取る

全身を前方向に移動させ、前傾姿勢を体感する

全身を後ろ方向に移動させ、後傾を体感する

設定と条件

・平地で基本姿勢を取り身体全体を前後に移動させる。

目的（ターンのどの位置か）

・ターン前半での外向姿勢に役立つ
・上体を安定させ、外膝など脚の内旋を使う
・外スキーからの始動の操作と意識づけとなる
・ターン後半で必要となる谷スキーと上体の適切な方向を維持できる

動きのチェックポイント

・外脚を使い外スキーテールから開く
・脚を使ってスキー方向を変えた際、腹部にひねり感覚を得る
※慣れてきたら内脚を使って、外スキーに対して内スキーを正確に揃える

効果

・外脚を使って外スキーからターンを始動でき、ゲート上部でのターンを可能にする

他との連動性

・スキー方向が大きく変わる場合は脚の次に骨盤を動かす
・膝を大きく入れる場合は、腰を下げながら行う

注意点

・ターンの遅れによるリカバリー時に、左右の動きが使えないとタイムロスやミスターンになる

左右のひねりを確認する

ストックで体を支え、右スキーを持ち上げる

ストックで体を支え、左スキーを持ち上げる

股関節から始動してスキー全体を左方向へひねる

股関節から始動してスキー全体を右方向へひねる

限界まで大きく脚を動かしてスキーを左方向へひねる

限界まで大きく脚を動かしてスキーを右方向へひねる

上半身の左右へのひねり

設定と条件

- 平地を利用して基本動作を確認する
- スキーと下半身は動かさず、上体を左右に動かす

目的（ターンのどの位置か）

- 滑走中のひねり感覚をつかむ
- 特にゲート通過後、次のゲート方向に上体を向ける際に必要となる

動きのチェックポイント

- スキーへの荷重を安定させる
- 骨盤は動かさず、腹部を使って上体を動かす
- 腕は肩と連動して動かし、構え方を変えない

効果

- ターン前半で外向姿勢をとる際に必要となる
- ゲートを通過する際の動作として役立つ
- 滑走方向が変わるターン後半に必要となる動作

他との連動性

- バランスを崩した際のリカバリーとしても有効である

注意点

- 骨盤や上体をひねりすぎることは脚の内旋が弱まったり後傾姿勢の原因となる
- ゲート通過の際に、急に上体を動かすとバランスを乱すなど減速要素となる

ストックで体を支えて立つ

上半身を左に動かす。上半身と下半身やスキーとのねじれを感じる

上半身を右に動かす。スキーへの荷重を安定させる

身体の横への運動

設定と条件

- 平地を利用し、身体を横に動かす

目的（ターンのどの位置か）

- 外スキーへの荷重
- ターン全体での外傾姿勢を目的とする

動きのチェックポイント

- 膝と腰を横に移動させる
- 頭や腕、上半身は逆方向に倒す
- 形として、バランスのとれたくの字や弓なりとなる

効果

- この姿勢を正しく取ることで外スキーへの正確な荷重ができる
- 膝に加えて腰がより内側に入ることで角付けが強まる
- とくにターン中盤やゲート横のマキシマムで必要となる動きである

他との連動性

- 上体のひねりによる外向姿勢と連動することで、より深い横への動きとなる
- 外向姿勢と連動することで外向傾姿勢となり、より外スキーへ強い荷重ができる
- 主に長いスキーでの滑走に役立つ

注意点

- 腰と上半身が同じ方向にならないこと。
- 頭が逆方向に傾かないこと
- 低速では上半身を主に動かすが、高速になるにつれて膝と腰などの下半身を内側入れる度合いが大きくなる。その際には上体は垂直が目安となる

ストックで体を支えて立つ

膝と腰を横に移動させる

頭や腕、上半身は逆方向に倒す

設定と条件

- 傾斜を利用し、ターン後半での基本姿勢を確認する
- 横への動きを使う

目的 (ターンのどの位置か)

- ターンで最も負荷が加わり、ずれや抵抗が大きくなりやすい場面である
- 目的方向に対してスキーと身体のバランスを保ち、推進力を損なわないための姿勢となる
- 特にターン終盤まで谷スキーに荷重することが目的となる

動きのチェックポイント

- 谷側の膝と腰を山側に入れる
- 頭や腕を含む上半身は谷側に傾ける
- くの字や弓なりの姿勢となり、肩の傾きは斜面に合わせる
- 谷側の腕も下げてストックは雪面につける
- 正しい姿勢を主に谷スキー（外スキー）の上で行う

効果

- この姿勢を取ることで、ターン後半まで谷スキーで仕上げるターンが完成する
- 谷側への重心移動ができ、斜面上に切れ上がるなどのターンコントロールができる

他との連動性

- 目的は斜滑降だけではなく次への切り替え方法にも関わる
- 上体の方向を安定させ、谷スキーから次の谷スキーへ動く準備となる

注意点

- ゲートから切り替えまでは同じ姿勢ではない
- 外傾姿勢はゲート横のマキシマムポイントで最大となり、その後は谷側への重心移動を利用しながら傾斜と垂直へなる。（クロスオーバー）
- ゲート通過後に山側へ上半身を傾けると、内スキーに荷重したり回転しすぎてしまう
- 外傾姿勢が極端に大きくなるとスキーの滑走性を損ね、切り替え後に次のゲートを直線的に狙いすぎることになる

傾斜で姿勢確認

傾斜に合わせてバランスが取れた基本姿勢を取る

山側へ上半身を傾けると内スキーへの荷重が大きくなったり、回転しすぎてしまう

設定と条件

・傾斜を利用してターン後半の斜滑降の基本姿勢を確認する
・上体の向きを確認する

目的（ターンのどの位置か）

• ターンで最も負荷が加わり、ずれや抵抗が大きくなりやすい場面である
• 目的とする方向に対してスキーと身体のバランスを保つ
• 進行方向が変わることへの対応として重要な動きとなる

動きのチェックポイント

・ゲート通過時の外向傾姿勢から徐々に谷スキーのトップに上体を向け、谷スキーとの方向を確認する
・方向が変わる際に外傾姿勢が緩まないよう注意する
・上体の前傾姿勢が強くならないよう注意する

効果

• ターン前半から蓄えたスキーの圧力をターン後半に変換できる

他との連動性

・ターンで外向姿勢が取りやすくなり連動性が高まる
・目的は斜滑降だけではなく切り替えにも関わり、上体の方向と安定が取れる

注意点

• ゲートから切り替えまでは１つの姿勢ではない
• 上体はゲートまでの外向姿勢から、徐々にスキー方向へ回る
• 外傾姿勢だが、上半身と下半身の入れ換えが行われるため、動きは止まらない（クロスオーバー）
• 上体を谷側に向けすぎると、スキーの滑走性を損ねる
• 山側に向けすぎると、内スキーに荷重したり回転しすぎるなどマイナスが多い

ターン後半の基本姿勢

はじめは外向姿勢をオーバーに取り意識を高める

目的とする方向に対してバランスが取れていない

傾斜を利用して切り替えの姿勢を確認

設定と条件

・傾斜を利用し、前後の姿勢を確認する

目的（ターンのどの位置か）

- 斜滑降の基本姿勢を維持し、効率よく切り替える動きを確認する
- 実際の滑走姿勢と停止した姿勢が同じになるよう、正しい姿勢を確認することで実践の効果が上がる

動きのチェックポイント

・適度な外傾姿勢で肩のラインや腕の位置が傾斜と同じであることを確認する
・上体の方向は谷スキー（外スキー）トップを目安に安定させる
・山スキー（内スキー）のテールを上げ重心が谷スキー側にあることを確認
・両スキーをパラレルに保ち、山スキーの膝を使って角付け方向を変える
・山スキーテールのみ開いて谷方向に向ける

効果

- 谷脚荷重で基本姿勢を取ることによってクロスオーバーが素早くでき、結果的に切り替え操作も短時間にできる
- 上体が正しい方向で安定し、次の外スキーで谷回りをすることで外向姿勢や前傾姿勢へとつながる
- 上体を安定させながら山開きをすることで、より素早く外向姿勢を取ることができ、高速滑走ではターン前半のスライディングを可能にする

他との連動性

・ターンを効率よくつなぐ役割を持つ
・カービングやスライディングなど、次のターンのコートロールにつながる
・さまざまな上下方向への重心位置で切り替えられる構えと操作になる

注意点

- テールを開いたときに上体や腰の先行運動が起きないように注意する
- 山スキーを操作する際に山腰や山肩を上げないよう注意する

斜滑降の基本姿勢を保つ

山スキー（内スキー）のテールを上げて重心が谷スキー側にあることを確認する

山スキーのテールだけを開いて谷方向に向ける

設定と条件

・傾斜を利用し、前後の姿勢を確認。

目的（ターンのどの位置か）

- 平地での前傾姿勢を傾斜で再確認する
- ターン前半と後半では前傾姿勢や荷重位置が異なる。それぞれに適した姿勢と位置を確認する

動きのチェックポイント

・スネや背中の角度を同じく、腿を立てる姿勢が基本となる
・ターン前半ではスムーズな荷重が必要なため、足首や膝を柔らかく使える姿勢をとる
・実践では外向姿勢を取りやすいように外腕を開くことも必要になる
・ターン後半ではスキーのセンターもしくはブーツセンターに荷重位置を移動させ、スキーの推進力を妨げないことを確認する

効果

- 短いスキーの場合、ターン前半の前傾姿勢ではスキー前方からのたわみを作りカービングの始動体勢を作る
- 長いスキーの場合、スライディング操作などスキーのひねりやテールを開きやすくする
- ターン後半では、ターンの深さに応じてスキーのセンター側に荷重することで、斜滑降の滑走性やライン取りをコントロールできる

他との連動性

・実践での前傾姿勢は外向傾姿勢と連動し、前傾姿勢によって適切な外向傾姿勢が整う

注意点

- 前後の姿勢や荷重の位置は、スキーサイズや雪質、雪面条件によって調整することを忘れてはならない

傾斜を利用して前後の姿勢を確認

ターン前半の姿勢

ターン後半の姿勢

ゲート横での姿勢確認 バリエーション

バリエーション①

ストックなしで行う。ストックの重りがない分バランスが取りにくくなる。そこで腕を伸ばすなど腕の正しい使い方を覚える。腕を横に伸ばすと左右のバランス保持に効果的である

バリエーション②

ストックなしで行う。手を両腰に当てて不安定な状況を作る。腕が使えないため、GS では上体を適切に動かすことに、SL では上体を安定させることに効果がある

バリエーション③

ストックなしで行う。両腕を胸につける。腕全体が使えないため、頭を含む上半身の動きやバランス保持が重要となる。フリーでの基本練習となる

バリエーション④

ストックなしで行う。両手を肩に当てる。肘を上げて背筋を張るための基本練習である

バリエーション⑤

ストックなしで行う。両手を頭に置いて腕全体を高く保つ。頭部が重くなることで左右の荷重移動がしやすくなる

バリエーション⑥

ストックなしで行う。山側の手は頭に置き、谷側の手は横に伸ばす。谷側に腕の重さがあることで谷スキーへの荷重を感じる。感じがつかめたら左右の手を入れ替える。この時も谷スキーへの荷重を感じる

バリエーション⑦

ストックなしで行う。山腕は伸ばし、谷腕で腰を押して外傾姿勢を作る。ゲート側の腕を伸ばしてゲートを通過することも確認する。外腕を膝やブーツまで下げることで、外傾姿勢の強度が強まる

バリエーション⑧

ストックなしで行う。両腕で外脇を押して外向姿勢と外傾姿勢を取る。両腕を膝やブーツまで下げることで外向傾姿勢を体感できる

バリエーション⑨

ストックなしで行う。腰を高く保って両手を膝やブーツまで下げる。上体だけの前傾姿勢を確認する。顔と雪面の距離感も大切なポイントになる

バリエーション⑩

ストックなしで行う。基本姿勢を維持したまま谷側へ移動し、谷スキーに荷重する。谷スキーに荷重ができているかを確認する目安は、山スキーのテールが上下に動かせることになる

バリエーション⑪

ストックなしで行う。ターン後半に胸の前で手を叩き、切り替えでは背中の後ろで叩く。切り替えの際に腰を上げ、身体をターン前方に運ぶことが目的になる

バリエーション⑫

ストックなしで行う。ターン中は両手で膝を触り、切り替えで両腕を上に伸ばす。全身の動きを積極的に使うことや、それよって生じる荷重や抜重を体感する。触る部分をブーツにすることで動きがより大きくなる

バリエーション⑬

ストックは横に持つ。とくに低学年は、腕を伸ばしたり腕の位置を意識することが難しい。スキーの前後の荷重位置を感じ取るため、軽く膝を動かし上下運動する。重りとなるストックや腕の位置を確認できる

バリエーション⑭

ストックは横に持つ。ターン中盤はストックを脇に置き、切り替えの際には前に出す。ターン中盤の外向傾姿勢と、ターン後半の後傾姿勢を防ぎながら次の方向に身体を運ぶ動きを身につける。ストックを膝まで下げながら反復する

バリエーション⑮

ストックは立てて持つ。ストックを逆さにして持ち、腕を横に広げる。腕を伸ばしながら、斜面の傾斜に肩や腕の傾きを合わせる動きを身につける。ターン後半の練習になる。また、腕を山側に傾けることで腰が外れたり、荷重が山側になることを体感できる

バリエーション⑯

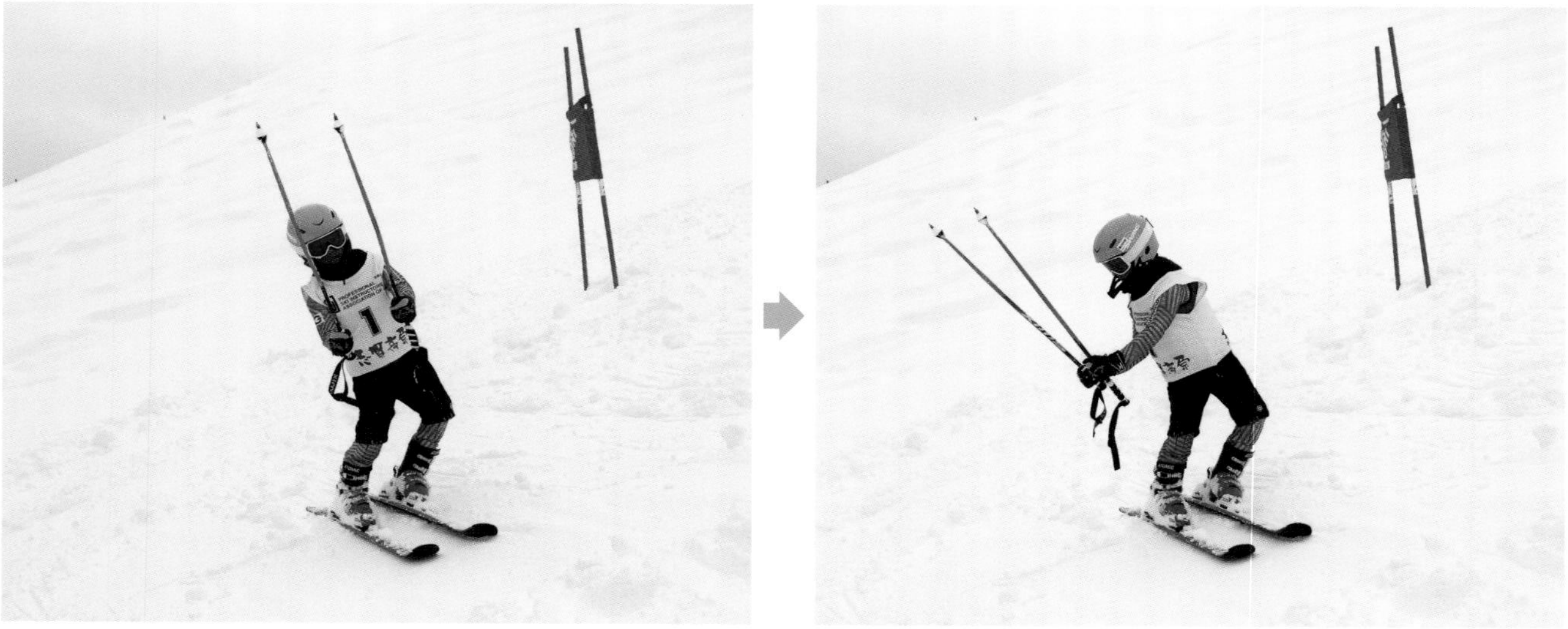

ストックは立てて持つ。ストックを狭く持ちながら上体（胸）の方向を確認する。上体の方向はターンの位置によって異なるが、ここでは谷スキー方向や斜面方向を自分で見ることを意識する

バリエーション⑰

ストックは腕と同じ方向に伸ばす。進行方向に対して左右に動かすことで、よりストックの重さと谷脚荷重を感じ取ることができる

バリエーション⑱

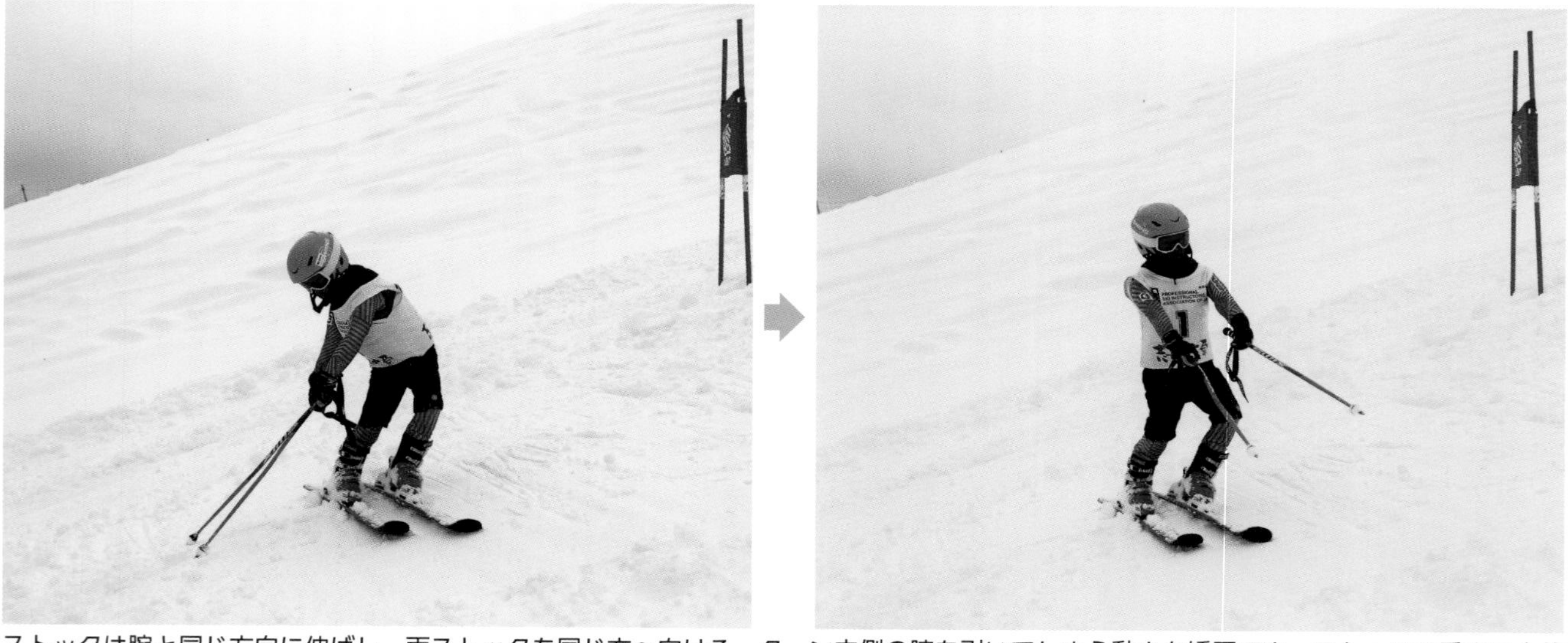

ストックは腕と同じ方向に伸ばし、両ストックを同じ方へ向ける。ターン内側の腕を引いてしまう動きを矯正でき、ストックの重さで上体の回しやすさを感じる

バリエーション⑲

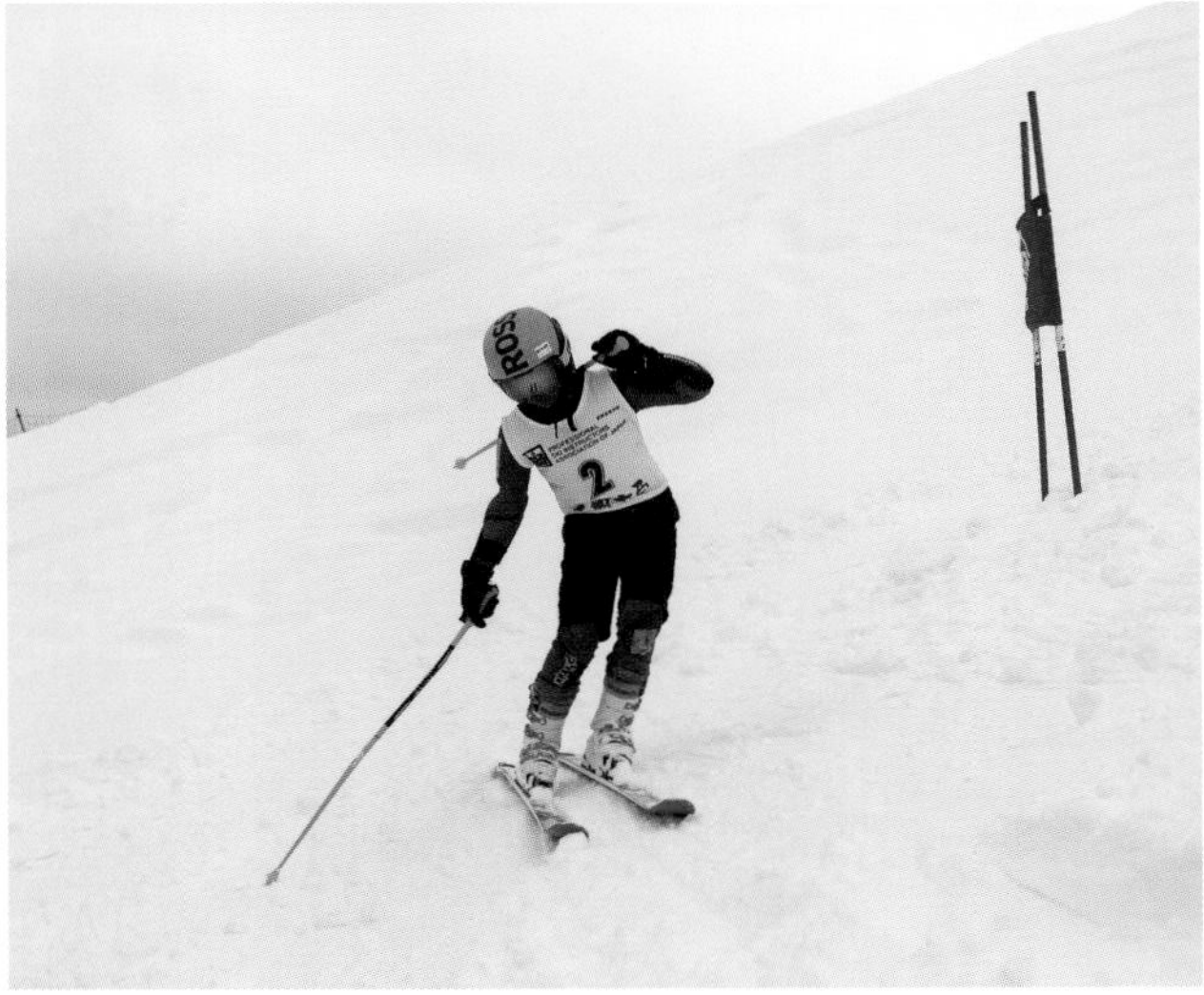

両ストックのグリップを持ち、山ストックを山肩に掛け、谷ストックは谷側の雪面につける。内側の肘と腕を上げることで外スキーへ荷重が強まる。また重心を左右に動かすことでその効果がより理解できる

バリエーション⑳

谷側のみストックを持つ。ストックを上下に動かすことで、ストックの重さにより谷スキーへの荷重を感じやすくなる。ターン前半から後半の動きをイメージする。また下げる位置を変えることで、谷スキーの滑りを損ねない位置を確認する

バリエーション㉑

山側のみストックを持つ。ストックを上下に動かすことで、ストックの重さにより谷スキーへ荷重できる位置を確認する。山側の腕の適切な位置も確認する

バリエーション㉒

キックターンでのチェックである。同じ位置で、①谷スキー②山スキーの順に方向を変える。上体を使わず両スキーの方向を転換できる場合と上体を同時に使う場合がある。上体を振り込むなど、実践のターンの動きと比較をして改善の参考にする

バリエーション㉓

両スキー幅が広いワイドスタンス。GS など大きなターン、急斜面やアイスバーンなど難しい場面で使われる。

両スキー幅が狭いクローズスタンス。SL など細かいターンに適している

両スキーの角付けを同じに保つパラレルスタンス。最も効率よい基本操作といえる

谷スキーよりも山スキーの角付けを意識したプルークスタンス。素早い切り替えや次のターンをスライドする際に使う

山スキーが山側に開くシェーレンスタンス。山スキーが不安定となり骨盤や上半身が回りやすい

フリーでの低速滑走

プルークファーレンで滑る

プルークスタンスを取る

トップ方向に上体を向ける

一定のスピードで真っすぐに滑る

スキー操作のベースとなる基本姿勢を確認する

停止姿勢で確認した動きを、低速で滑走しながら確認します。まずは直滑降や斜滑降で行い、正しい姿勢を確認した後、連続ターンを行います。

滑走中は、方向や傾斜が変わっても外スキーに継続的に荷重できる姿勢と、脚を使ってのスキー操作を確認します。そうすることで高速やさまざまな雪質でのフリー滑走でも、安定したターンが実現できます。

大切なことは、ターンは身体の動きを優先するのではなく、身体をスキーに乗せ、スキーそのものでターンをすることを伝えることになります。

設定と条件

・プルークスタンスを取り、トップ方向に上体を向け緩い斜面を真っすぐ滑る

目的（ターンのどの位置か）

• トップ方向に胸を向けることで、スキー前方から抵抗を受ける感じをつかむ
• 身体を前傾すると抵抗となり、後傾するとスキーが走るという感覚を知る
• 左右のスキーを開くことで角付けが強まり、雪面からの抵抗を受ける感覚をつかむ

動きのチェックポイント

・停止の基本姿勢を意識し、リラックスした姿勢を取る
・スタンス（ブーツ幅）は肩幅を目安にする
・重心はプルークのセンターに置く
・荷重はややトップ方向に加わるよう前傾する

効果

• 低速で滑ることで荷重位置を繊細に感じ取る
• プルークは上体に対して、それぞれのスキーが外向姿勢と同じ関係にあることをつかむ
• プルークのスタンスが広いほど外傾ができ、結果的に外向傾の姿勢を整えることができる

他との連動性

・難しいシチュエーションでの山開きでは、プルークの形が基本となる
・カービングであっても、プルークの上体と外スキーの関係に結びつけて考える
・ターン中に上体の方向やスキーの方向を見失った場合に活用する

注意点

• プルークの幅を広げすぎると後傾姿勢になるため緩斜面で行うことがポイント

プルークボーゲンで滑る

設定と条件

- プルークファーレンの基本姿勢を保ちながら、左右の重心移動によって低速でターンを行う。一定のスピードで滑ることを心掛ける

目的（ターンのどの位置か）

- ターン中の外スキーの方向は、常に上体の方向よりも内側に向く。それによってターンをコントロールする
- 谷スキーに荷重してターンを終えながら、次の外スキーはすでにターンを始動しているなど、無駄のない切り替えができるようになる

動きのチェックポイント

- スタンスを維持できるように脚の内旋を意識し、トップが開かないようにする
- 上半身をターン外側に傾け、外スキーに荷重する
- 上体の向く方向は動かし続ける。連続するターンでもトップ方向を維持する
- 正確なスキー操作と重心移動を使い、均等にスキーをずらしながら弧を描く

効果

- ターン前半の山開きによる外向姿勢を身につけることができる
- 外スキーに荷重しやすいため、内スキーの動きを外スキーに揃えやすく、補助的な役割が確認できる
- ターン後半まで外スキーに荷重でき、確実にターン仕上げることができる

他との連動性

- 長いスキーを使ってターン前半にスライドさせる場合に役立つ
- インコースを狙う際に、大きくスキーをスライドさせるときのスピードコントロールに役立つ

注意点

- 低速で一定のスピード、一定なターン弧を連続すること
- 上下運動も加えてリズムを取ることも大切である

立ち上がりを使ってリズムを取る

プルークスタンスを取る

次の外スキーに荷重して滑らかに切り替える

外スキーに荷重をしてターンする

この動きを繰り返して一定のスピードとターン弧で滑る

外スキーに荷重をし続け、ターンを仕上げる

横滑りで滑る

設定と条件

- 中斜面を利用し、スキーをずらしながら斜面を斜めに横切る
- 斜度に関わらず一定方向に一定スピードで移動することを目指す

目的（ターンのどの位置か）

- ターン後半に谷スキーへ荷重するための重心移動の方法の確認をする
- 同時に斜面横方向への重心移動の確認をする

動きのチェックポイント

- 傾斜で停止したときの基本姿勢を取る
- 外傾姿勢を生かし、重心を谷方向へ移動する
- 適度な前後差をつけ、骨盤や上体もその前後差にあわせる

効果

- ゲート通過後に谷スキーに荷重でき、ターンのコントロールができる
- ターン後半に強い負荷によってずれてしまった場合のリカバリーとして使える

他との連動性

- 谷側への重心移動を身につけることで、クロスオーバーが確実にできることにつながる
- 結果的に次のターンへよい姿勢で切り替えられる

注意点

- スキーをずらす場合は膝で角付けを緩めるのではなく、身体の軸を谷側に倒す
- 前後差が取れないと谷スキーの足首が曲がらず、山スキーの動きが制限される

外スキーに荷重して両スキーをずらしながら、斜面を滑る

一定の方向に一定のスピードで滑る。滑走方向を変えて適した姿勢を確認する

斜滑降カービング

設定と条件

- 中斜面を利用し、横滑りの姿勢を意識しながら、カービングで行う
- シュプールが見えるよう整備された場所を設定する

目的（ターンのどの位置か）

- ターン後半で使う、減速要素の少ないカービングを身につける
- 前後の重心位置や外向傾姿勢などの違いでターンの形状が異なることを知る

動きのチェックポイント

- 高速にならないようスピードを調整し、スキーの方向をやや下に向ける
- 外傾姿勢を取り、膝と腰を使って角付けをする
- スキーの前後差や骨盤と上体の向きは、谷スキーのトップ方向にする
- 荷重位置はブーツトップに置き、トップからテールまで使う
- 滑走中は姿勢を維持し、スキーの形状なりに山回りを行う

効果

- 谷スキーへ荷重と角付けの比重を大きくすることで、たわみが大きくなりターンは深くなる
- 正確な斜滑降はターン前半からより積極的な滑走ラインを狙えることにつながる
- 前後差をつけた谷スキー・骨盤・上体・腕などを徐々に前に出して回転することで、ターンの推進力と深い山回りができる

他との連動性

- ターン中盤に外向傾姿勢を取れると、ターン後半に身体をスキー方向へ回転させることができる
- 負荷が強くなるターン後半の斜滑降で、スピードを維持したり、高めることができる

注意点

- 後半での身体の回転は谷側の肩や腕が下がり、外傾姿勢を維持することがポイントになる
- 切り替えはクロスオーバーによってニュートラルな重心位置となる

整備された中斜面で斜行気味に滑り出す

谷スキーへ荷重と角付けの比重を大きくする

外傾姿勢を取り、膝と腰を使って角付けをする

滑走中は外向傾姿勢を維持し、スキーの形状なりにシャープな山回りを行う

設定と条件

- 整備された緩斜面や中斜面で行う
- 上体を安定させるために腕を前に出したり、ストックなどを利用する

目的（ターンのどの位置か）

- 斜滑降での上体の安定と外脚からのターン始動を目的に、真下への切り替えを行う

動きのチェックポイント

- 上体はフォールラインに向けて維持する
- 脚を動かして左右に方向変換する
- 上下運動は大きく使う場合と使わない場合など、さまざまな方法を取り入れる
- 真下切り替えではターンは行わず、フォールラインに向かって行う

効果

- 切り替えの際に上体から先行した動作は、外スキーに荷重できないことを理解する
- 上体を安定して素早く切り替えるためには、山開きのように山スキーのテールから動かすことが最も効率よいことを理解する

他との連動性

- パラレルで切り替えるカービングターンであっても、上体は安定させ、膝の角付け切り替えで行う

注意点

- 切り替えの基本練習であるため、真下（フォールライン方向）に滑り下りる
- 実際のターンでは、同じ動作や操作を斜滑降方向で行う
- 切り替えの際に上体が左右にぶれないようにする

真下切り替えと斜滑降方向切り替え

斜滑降方向切り替え

斜め方向への横滑りでスタートする

適度な外向傾姿勢を取り、外スキーに荷重する

山スキーのテールを動かしてトップをフォールライン方向に向ける

内スキーを揃えて横滑りをし、スピードをコントロールする

真下切り替え

上体をフォールラインに向けて横滑りをする

ターンをせずに一気にトップをフォールラインへ向ける

スキーを横に向けてすらず

上体は常にフォールラインをキープする

設定と条件

- 中斜面か急斜面を利用して深回りのターンを行う
- 長いサイズのスキーを使い、山開きとパラレルでの切り替えの必要性と違いを理解する

目的（ターンのどの位置か）

- 前のターンのスピードを外スキーで受け止めながら谷回りを描く
- ゲートにマキシマムポイントを合わせ、スピードや距離に応じてターン前半の弧を描く

動きのチェックポイント

- 斜滑降の基本姿勢から上体を安定させて切り替える
- テールを開く山開きによって迎え角ができ、外スキーへの荷重がはじまる
- 外スキーもしくは両スキーが、身体よりターンの外側に出ると同時に外傾姿勢を取る
- ターンを始動している時点での上体は、切り替え時と同じことを確認する

効果

- カービングやスライディングなど、状況に応じた姿勢とスキー操作になり、さまざまなライン取りが可能となる

他との連動性

- 切り替えでの上体の方向が正しい場合、外スキーのトップ方向に重心が移動し、結果的にターン前半に前傾姿勢が取れる

注意点

- 上体が先行して回転した場合は、外スキーに荷重できずにずれたりや大きく回りすぎる原因となる
- 上体で極端な外向姿勢を取ることは、後傾や角付けがゆるむことにつながる
- 上体の先行動作や過度な外向傾を取らないように注意する

山開きターンとパラレルターン

パラレルターン	山開きターン
 正しい方向へ上体を向ける	 正しい方向へ上体を向ける
 クロスオーバーをして角付けを切り替える	 テールを開くことで迎え角ができ、外スキーへの荷重がはじまる
 両スキーが身体よりもターンの外側に出ると同時に外傾姿勢を取る	 外スキーが身体よりもターンの外側に出ると同時に外傾姿勢を取る
 ゲートにマキシマムポイントを合わせるつもりで、ターン前半の弧を描く	 ゲートにマキシマムポイントを合わせるつもりで、ターン前半の弧を描く
 ターンのマキシマムを迎える	 ターンのマキシマムを迎える

外向傾姿勢

設定と条件

- 長いサイズのスキーで深いターンを行う
- ターン始動からマキシムまでの組み立てを確認する

目的（ターンのどの位置か）

- 適切な内傾角と角付けでスキーのたわみをつかむ
- スムーズなターン弧を描き、徐々にずれないターンを目指す
- スキーが横を向き始めた位置をマキシマムとし、荷重はそこにタイミングを合わせる

動きのチェックポイント

- ターン前半で取った外向姿勢に加え、膝と腰をターン内側に入れた外傾姿勢を取る
- 上体はターン外側に動かし、外スキーへの荷重を継続する
- 外スキーやブーツは腰の後ろに置き、深い前傾姿勢を取る

効果

- 外スキーを最もたわませた小さな弧を可能にする
- 膝での角付け以上に大きな角付けができる

他との連動性

- ターン中はターンをコントロールする役割になる
- 強くスキーをたわますことで、ターン後半によりスピードを得ることができる

注意点

- 下半身はターンの内側に倒すが、逆に上体はターン外側に動かす
- 最も内スキーに荷重しやすい局面のため、外向・外傾・前傾といった姿勢が求められる
- 外向傾過多や内倒過多にならないようにする

正しい方向へ上体を向ける

テールを開くことで迎え角ができ、外スキーへの荷重がはじまる

外スキーが身体よりもターンの外側に出ると同時に外傾姿勢を取る

ゲートにマキシマムポイントを合わせるつもりで、ターン前半の弧を描く

ターンのマキシマムを迎える

設定と条件

- 高速滑走で深いターン弧を描き、ターン後半の滑りを確認する
- ターン後半のマキシムから斜滑降へ移行する動きを確認する

目的（ターンのどの位置か）

- スキーがずれることなく切り替えまで外スキー（谷スキー）に荷重できるようになる
- ターン後半にスキーと身体が一体となっていく

動きのチェックポイント

- ターン中盤で蓄えたスキーへのパワーを次の方向に変化させる
- 外向姿勢は外スキーを追うように回転していく
- 外傾姿勢はターン後半も維持し、谷側へ徐々に重心移動する
- 前傾姿勢は緩み、荷重位置はセンターから後方へ移動する

効果

- 斜滑降の切れ上がりが自由にコントロールできる
- 谷側の脚を動かすことができ、さまざまな状況に対応できる

他との連動性

- 上体の回転や谷スキーへの荷重移動をスムーズに行うことで、切り替えまでの準備ができる

注意点

- ターン後半に外向傾が強すぎたり、回転しすぎることは、大きな減速要素やミスになる

上体の回転と外傾維持

強い内傾角と角付けでスキーのたわみを大きくする

ターンのマキシマムを迎える

外向姿勢は外スキーを追うように回転し、外傾姿勢は維持する

荷重位置はセンターから後方へ移動する

規制した応用滑走

フリー滑走と比べて ミスの原因がわかりやすい

停止や低速で確認した基本姿勢。この姿勢をベースに、さまざまな条件でのフリー滑走を行います。そしてその次のステップとして、ターンの形状やスピードをコントロールするための規制滑走を行います。

規制滑走には、「ブラシ」「コリドール（廊下・通路）」「ショートポール」「ロングゲート」などいろいろなやり方があります。始めは規制したマーカーの内側を滑り、次に外側を滑ります。まずは低速からはじめて反復した後、徐々にスピードを上げていきます。さらにターンの落差をコントロールして、一定のスピードで滑ることを課題とします。

フリー滑走と比べると、バランスや操作にミスが発生した場合の原因がわかりやすく、指導に役立ちます。

設定と条件

- 中斜面を利用し、ブラシでターンの幅を規制する
- 幅は 10m ～ 15m を目安とし、上から下まで同じ幅で設定する

目的（ターンのどの位置か）

- フリー滑走ではなくリズムやタイミングなど決められた条件に対応する技術を目指す
- リズムやタイミングを自身で設定する

動きのチェックポイント

- フリー滑走での基本姿勢とスキー操作を活かして滑る
- 規制内をできるだけ幅広く使ってターンを行う
- ターン幅に加えて落差も同じようにする
- スピードは一定速度が理想

効果

- 運動のリズムによってスキーがよくたわみ、ターンのコントロールができることを知る
- 左右の正確なターンが求められる
- ミスの修正能力を高められる

他との連動性

- 上下運動の適切な量を感じ取れる
- 荷重や角付け、外向傾姿勢のマックスをマキシマムポイントに置くことの必要性を感じる

注意点

- 連続ターンが縦長になることなく、修正しながらリズムを継続する
- 後傾姿勢が最も難しいことがわかる
- 左右異なったフォームにならない
- ブラシからはみ出したり内側すぎないように

規制ブラシ内側・幅コントロール

ブラシの幅をできるだけ大きく使う

ブラシの内側を滑る

ターンの落差もできるだけ一定にする

フリー滑走時の基本姿勢とスキー操作を活かして滑る

リズムやタイミングは自分で設定する

一定のスピードで滑る

バリエーション①テール上げ

ジャンプターンで強弱をつけて荷重と抜重を行う。規制に合わせて運動のリズムやタイミングを取る。これはテールジャンプで切り替える。スキーの前方向への荷重と前方向への立ち上がりがポイントになる。

バリエーション②全体ジャンプ

スキー全体をバランスよく上げて切り替える。スキー全体がたわむ荷重位置とその反動を利用した立ち上がり抜重をリズミカルに行う。

バリエーション③内脚リフト＆トップクロス

内脚をリフトし、トップをクロスしてターンを仕上げる。両脚を内旋させて股関節を絞り込み、骨盤や上半身の振り込みを防ぐ。片脚で滑ることでバランスが取りにくくなり、結果的に腰を高く保つ意識が高まる。また常に上体よりも外スキーが先行し、外向姿勢と外スキー荷重によって小さな弧を描けるようになる。

バリエーション④セットバリエーション

この場合の間隔は、幅 10m 落差 6m(低速)、幅 10m 落差 10m(中速)、幅 10m 落差 15m(高速) である。スキーのサイズやテーマに応じて幅と落差の設定を変える

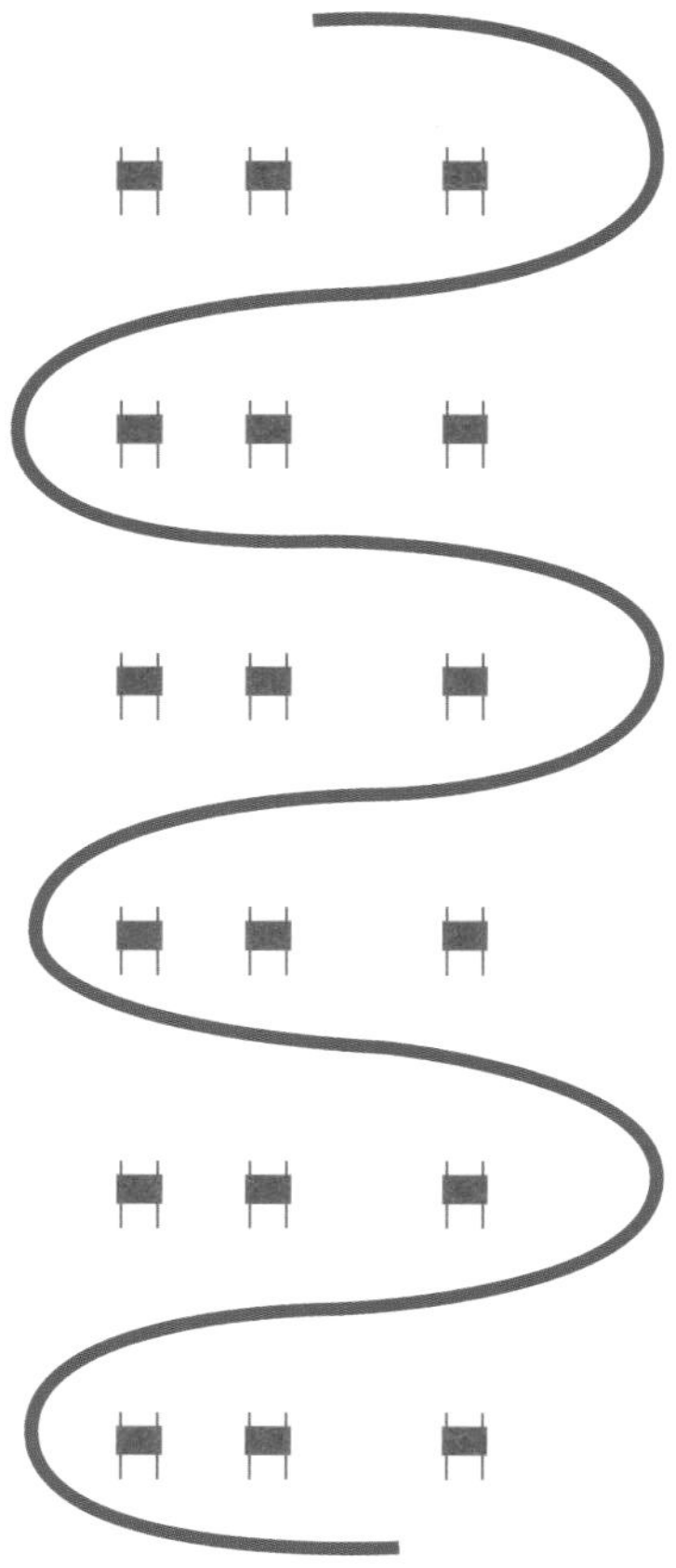

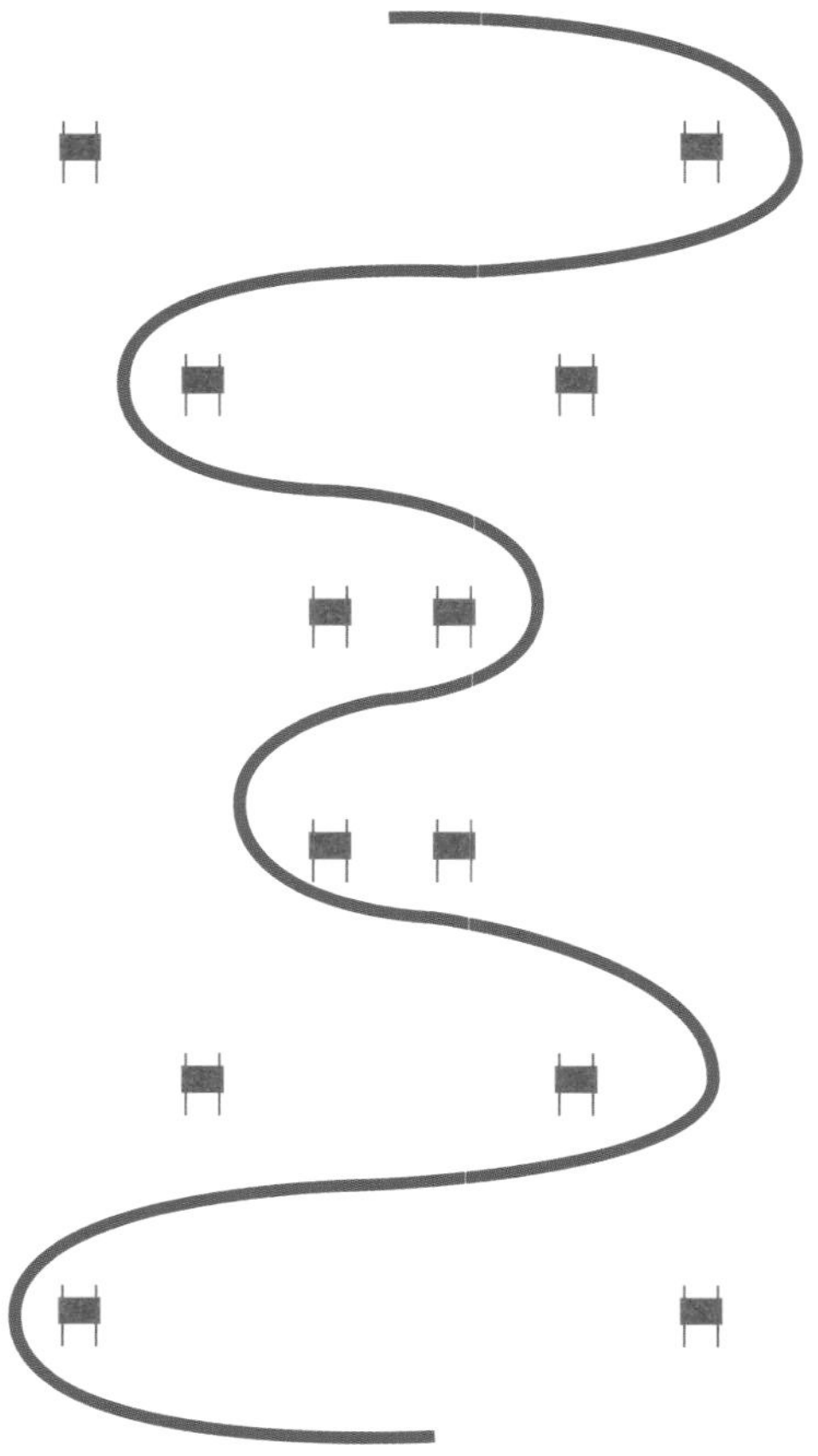

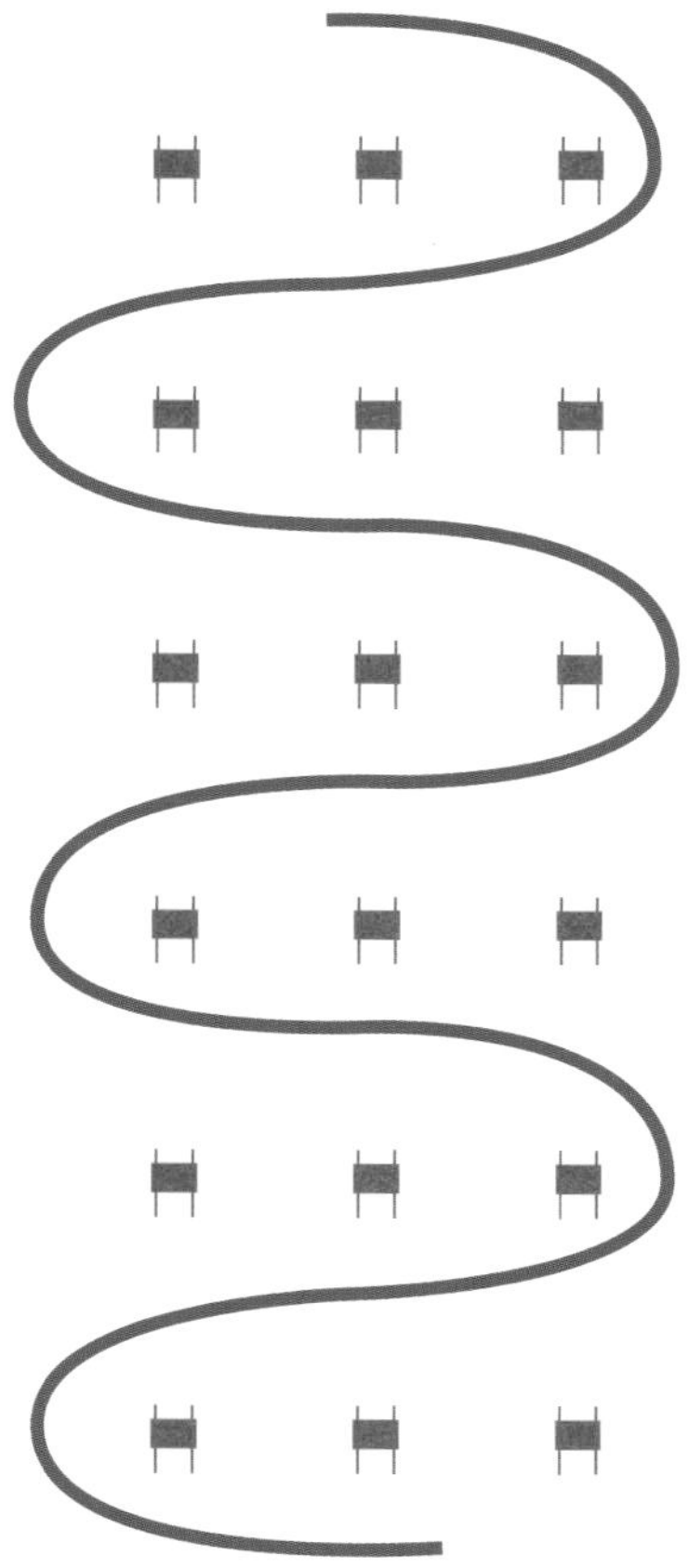

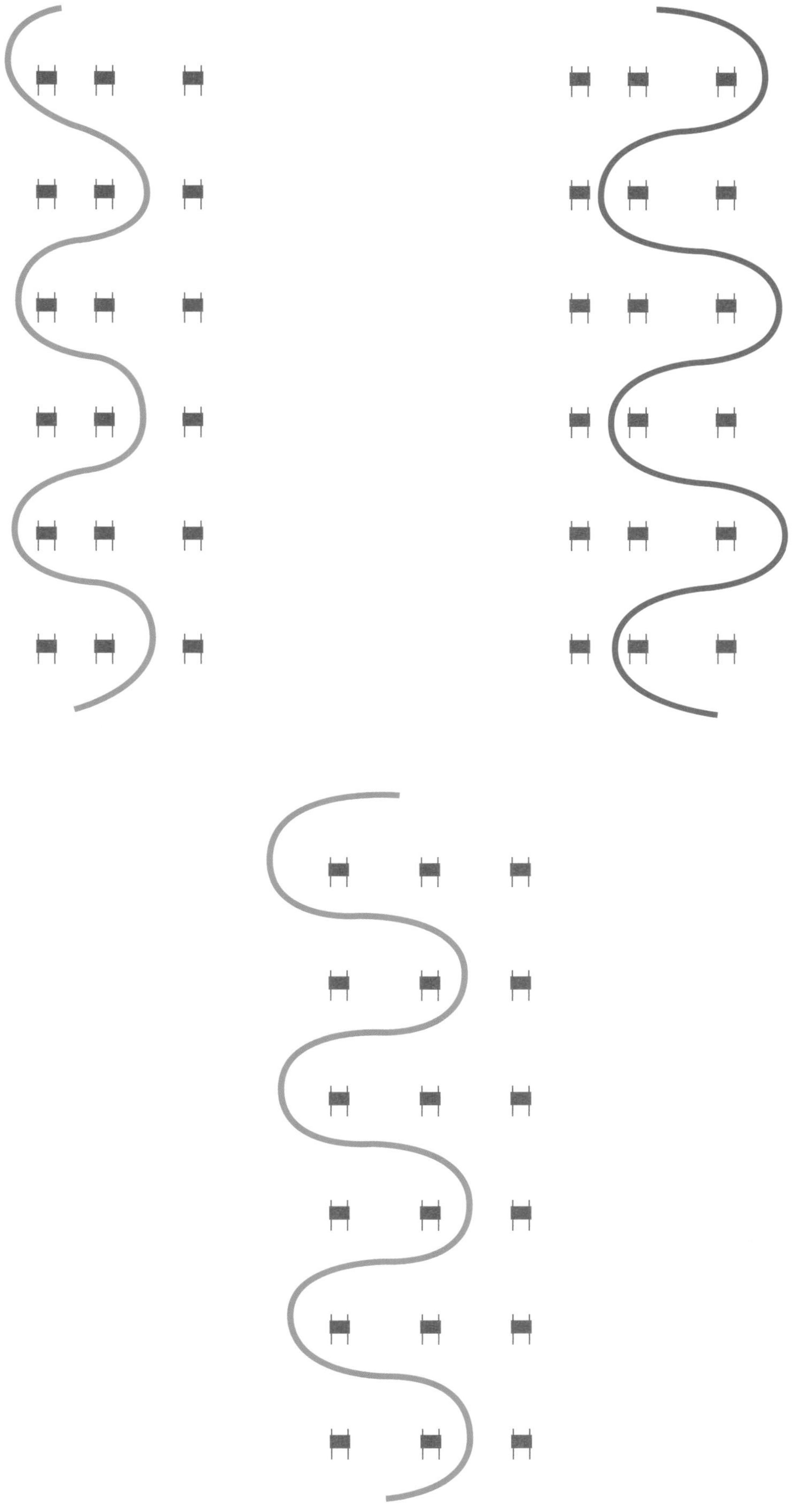

ターンの種類とサイズ

ターンは大きく次のように分けられる

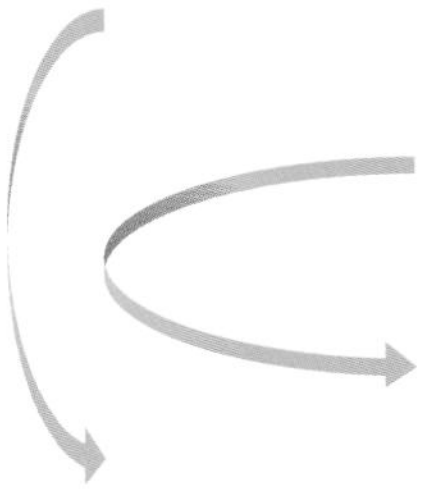

浅回りと深回り

左右の振り幅によって異なる「浅回りターン」と「深回りターン」

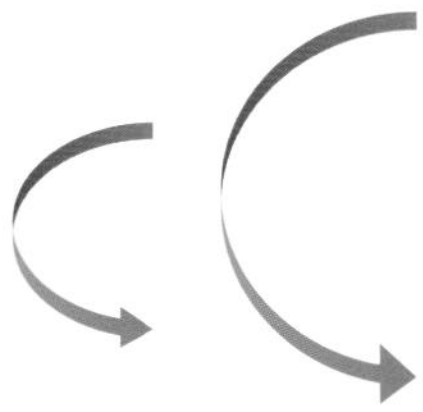

細かい・大きい

異なるゲート間隔に対応する「細かいターン」と「大きなターン」

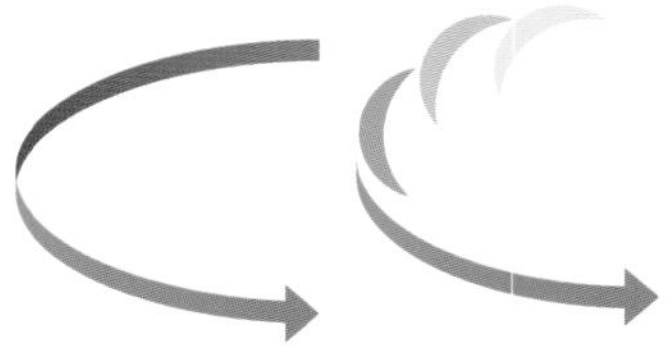

カービング・スイング

「カービングターン」（ずらさない）と「スイング＆カービングターン」（調整のためのずらし）

技術レベルとライン取り

コース取りはこのように分けられる

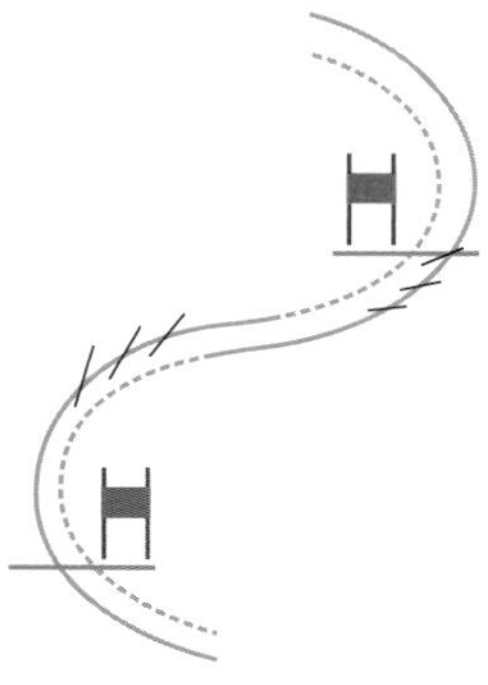

よく失くある失敗例

ポール入門者やスムーズなターンができない場合に見かける。赤ゲートのようにスピードに耐え切れずターン後半でずれたり、逆に警戒しすぎてターン前半にずらしてしまう

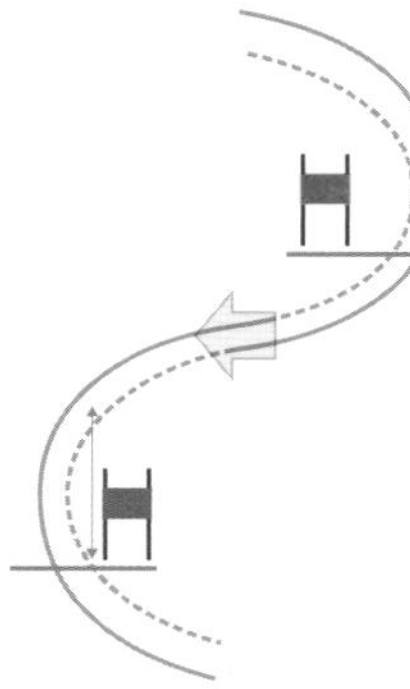

ライン 1

赤ゲートで擦れることなく、また、青のターンはゲートの外側を大きく回るターンである。余裕をもったよいターンだが局面によってはタイムロスする場合もある。

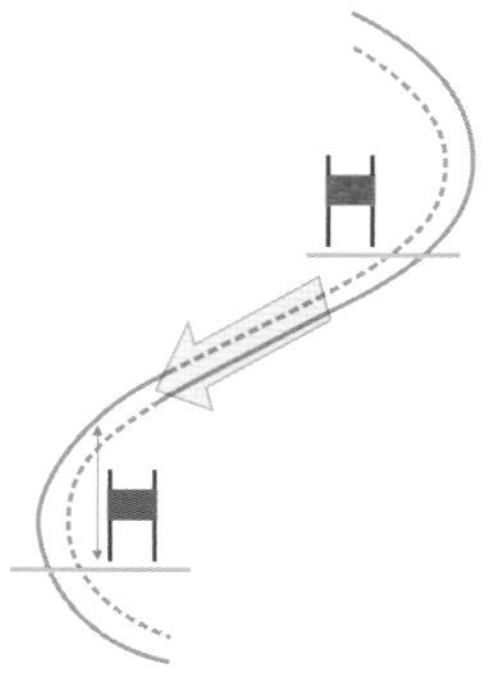

ライン 2

タイムを追求するライン取りになる。ライン1よりターン弧をより小さくコンパクトにし、その分ゲート間を直線的にする。スキーをより斜面下へ向け積極的に推進力を生かす方法。

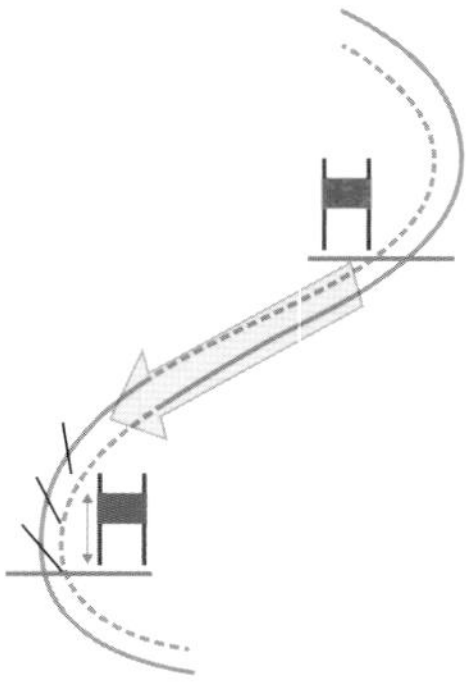

ライン 3

斜滑降をより長くとると同時にターン始めに意識的にスライディングさせる。特に長いスキーで深回りセットを滑る際にはこうしたターンと操作が求められる。より抵抗の少ないスライディングを利用し、素早く方向を変えてからゲート通過するハイレベルな技術となる

基本知識とライン取りはとても重要になる

34ページでも紹介しましたが、とても重要なポイントですので、再度説明します。

フリー滑走の段階からターンの幅やスピードのコントロールを行うことで、すでにゲートをスムーズに滑れる準備ができたことになります。

しかし、実際に2本のゲートに旗がついてターゲットが明確になると、滑走中の意識は変化し、本来の姿勢や操作を忘れがちです。

GSの実践滑走を行う前にはライン取りについての説明を行い、スピードを重視した場合や滑らかに滑る場合など目的に応じた事前説明が理想です。そして、その習得方法としてゲートの周辺にマーカーを置くなど、滑走中の意識を高めるための工夫が有効です。

また、こうした基本知識とライン取りは、タイムを意識したレーサーにとって最も大切な指導でもあります。

Part4
ゲートのトレーニング 実践編

ここからはゲートを利用したジャイアントスラロームとスラロームのトレーニング方法を紹介します。

ターン切り替えと前半の主な２つの方法

カービング

スライディング

設定と条件

・ロングゲートで GS セットをし、ゲート上部にブラシでマーキングする
・ブラシの上を通過する

目的（ターンのどの位置か）

- ゲートに対して直線的なラインで進むことを防ぎ、十分にターンをしてからゲートを通過する
- 早い時期から準備の態勢を取ることで、一定の弧を描くことができる
- 斜滑降方向が下方向となり、ターン後半での抵抗が減少する
- 斜面変化や荒れたコースでのラインコントロールを習得できる

動きのチェックポイント

・ブラシを意識しすぎず基本的な姿勢と操作を行う
・ブラシとロングケートを一定な弧で結ぶ

効果

- ブラシを使うことで、上体を動かさないためのマークとなる
- 外傾姿勢が取れるようブラシに腰を合わせるような使い方もできる

注意点

- ターンのセットや使用スキーのサイズに応じてブラシマーカーの位置を設定する
- ブラシマーカーでターンをしてしまい、その後のロングゲートと合わせ２回ターンしないように注意する

ロングゲート①ターン前半のための規制①

ロングゲート①ターン前半のための規制②

設定と条件

・ロングゲートで GS セットをし、ゲート上部にブラシでマーキングを行う
・ブラシの下を通過する

目的 (ターンのどの位置か)

• ゲートを警戒して大きなターンになることを防ぎ、より直線でゲートに進む
• 小さなターン弧でゲートを通過し、斜滑降を長くする

動きのチェックポイント

・ゲートの近くをコンパクトな弧で通過する
・外向傾姿勢を大きくとり外スキーのたわみを強くとる

効果

• 荷重の強弱が大きくなり、ターン後半の推進力が向上する
• 両スキーではできないため、結果的に外スキーへの荷重がつかめる

注意点

• ターンのセットや使用スキーのサイズに応じてブラシマーカーの位置を設定する
• ブラシマーカーでターンをしてしまい、その後のロングゲートと合わせ２回ターンしないように注意

設定と条件

・ロングゲートの内側にはみ出すよう１本のロングポールを斜めに置く
・ロングゲートの・10cm 程度下にセットする。

目的 (ターンのどの位置か)

• ターン中盤のマキシマムの位置を知る
• 適切な外向傾姿勢を取る

動きのチェックポイント

・ロングゲートからやや離れて通過する
・膝と腰はロングゲートに近づけ、ターン内に倒す
・上体はターン外側に動かし外向傾姿勢を取る

効果

• 確実な外スキー荷重が可能となる
• 外向傾姿勢が取れることで、身体をターン内側に倒すことができる

他との連動性

・規制ポールから頭を離すことで、より外スキーへの荷重が強まる

注意点

• 規制ポールの位置で急激な外向傾姿勢を取るとミスを招く
• 規制ポールを通過した直後に、ターン内側に内倒しないよう注意する

ロングゲート②ターン中盤のための規制

ロングゲート③ターン後半のための規制

設定と条件

- ロングゲート下部にブラシマーカーを置く。ゲート真下 5m を目安としセットや雪面状況に応じて変更する

目的 (ターンのどの位置か)

- ターン前半に弧を描き、ロングゲートに対しての正しい通過方向と位置を強制する
- 直線的に攻めることでターン後半発生するミスやリカバリーが改善する

動きのチェックポイント

- ターン前半に大きくターンしながらロングゲートとブラシマーカーの間を通過する
- ターン前半に高い位置や外側に出るなどの調整をする
- ロングゲートを通過後、ターン後半の身体の回転させるタイミングにも活用

効果

- 基本的なライン取りを身につけることができる
- ターン前半や中盤での荷重や外向傾姿勢のタイミングを知る

他との連動性

- ターン前半にスキーをスライディングさせ、ブラシマーカーの横はカービングで通過するといった応用した使い方もできる
- ブラシマーカー部分で急激な動作をしないよう注意が必要

ロングゲート④切り替えの規制

設定と条件

- ゲートとゲートの中間位置にブラシマーカーを置く
- 滑走ラインのやや下に置き、ストックが通過する位置を目安とする

目的（ターンのどの位置か）

- ターン後半から切り替え部分で外傾姿勢を維持し谷スキーに荷重すること
- 切り替えのタイミングのマーカーとして利用

動きのチェックポイント

- ターン後半の斜滑降では上体を徐々に次のターンへ回転させる
- 上体の回転と同時に徐々に重心を谷側に移動する
- 切り替え位置に近づくにつれ、肩のラインや両腕の位置は傾斜と同じになる

効果

- 各局面のなかで最もずれやすいターン後半を、確実な谷スキー荷重で終えることができる
- ブラシマーカーを意識することで谷側への正しい重心移動が可能となる

他との連動性

- 肩と両腕の位置を傾斜に合わせることで、谷スキーに荷重できる
- 谷スキーに荷重することで状況に応じたクロスオーバーもコントロールできる
- ブラシにストックを突きながら切り替えることで、上体を安定させながら脚主導の切り替えができる。

注意点

- ターン後半に腕やストックを下げ続けるのではなく、切り替え地点に合わせて徐々に動くことが大切
- 腕やストックを下げすぎると反動が大きくなり、逆に切り替え後などにミスや無駄が発生しやすくなる

実践ロングゲート・正面から

設定と条件

- 急斜面でのロングゲート
- インターバルは 26m で落差が少なく深回りが要求される設定
- R30 の長いスキーサイズを想定したセット。

目的（ターンのどの位置か）

- 左右のターンにおいて偏りがないことを確認する

動きのチェックポイント

- 左右のターンにおいて外スキーで正確にターンができること
- 外脚による外スキーでのターン始動
- 外向および外傾姿勢がバランスよく取れている
- ターン後半の推進力が得られる重心位置と重心移動

効果

- 上下運動や重心移動などゲートに対して適切な動きをする

他との連動性

- ターン後半と次のターン前半が連動していることを分析できる（左ターンから右ターン）

注意点

- ターン前半に上体が先行すると、ライン取りは直線になってしまう
- ライン取りが直線になると、ゲートで極端な動作が必要になる

設定と条件

- 急斜面でのロングゲート
- インターバルは 26m で落差が少なく深回りが要求される設定
- R30 の長いサイズのスキーを想定したセット

目的（ターンのどの位置か）

- ゲートを通過しターン後半で正確な姿勢を確認する
- 斜面谷側への重心移動を確認する
- 切り替えのための姿勢と操作を確認する

動きのチェックポイント

- ゲート横のターンマキシマムポイントで正しい外向傾姿勢を取る
- ゲート通過後に上体を谷スキートップ方向まで回す
- 外傾姿勢を維持し、そのまま全身を谷側に移動する
- 切り替えと切り替え後は上体の姿勢は同じに保つ
- 切り替え後は外スキーに対して前傾姿勢強め、結果的に腰も高く保つ

効果

- 正確に谷スキーに荷重しながら谷側への重心移動を行うこと
- そうすることで角付けが解放され推進力となる

他との連動性

- 上体は前に折らずに適度に起こし、トップへの圧が強くなりすぎないようにする
- 直線的なセッティングでは内スキーに荷重しながら切り替えることで、より直線的なカービングターンができる
- 直線的なセッティングでは、より谷側への重心移動を大きくし、斜滑降方向を斜面下に向ける

注意点

- 切り替えでは山側の膝を使える程度に上下運動を行う
- 切り替えでは次の外スキーを下に向けやすくするために、山スキーの角付けが強くなったりシェーレンにならないよう注意する

実践ロングゲート・横から

実践ロングゲート・後方から

設定と条件

- 中斜面でのロングゲート
- インターバルは 26m で落差が大きく直線的なセット
- 簡単な斜面を想定

目的（ターンのどの位置か）

- 斜面下方向に対して、直線的なライン取りを描く
- 深回りではより下半身を主体にして動かす無駄のない連続ターンをする

動きのチェックポイント

- 全体の姿勢や操作の組み立ては変わらない
- ターン後半の上体とスキーの方向をよりフォールライン方向に向ける
- 切り替えは山開きやずれをなくすためパラレルを保つ

効果

- ターン弧が大きくならないように、谷側への重心を積極的に行う
- 上下運動は少なくし、重心移動は次のゲートを直接狙う

他との連動性

- ミスを警戒しすぎる場合は直線的なセットを行う
- 直線的なセットで滑走方向を斜面に対して縦型に滑ることを身につける

注意点

- ターンの始動が遅れないようゲート上部で行う
- 滑走中のゲートが直線的であっても、次の場面にリズム変化や斜面変化がある場合は、コントロールを必要とする

クラウチング姿勢のポイント

- ターン後半の上体の回転をスキー方向へ向ける
- 切り替え時の上体の方向を維持し、膝から動作をはじめる
- 適度な外向傾姿勢をゲートまで維持し外スキーでのターンを描く
- 空気抵抗を意識して姿勢が低くなりすぎないように注意する
- 空気抵抗よりも正しい姿勢で力をスキーへ伝達し、基本的な重心移動を取ることが大切

ゲートトレーニングの指導実技（SL）

GSよりもゲートの近くを通過する

SL（回転）はGS（大回転）に比べてスピードが遅く、恐怖感の少ない種目といえます。しかし、ゲート間隔はGSの半分以下であり、ゲートが次々と迫ってきます。そのため早いリズムで崩したバランスを修正したり、長いゲートをクリアしていくところにSLの醍醐味があります。

また、使用するスキーも短く、正しい技術でスキーの性能を引き出すことが大切です。タイムを意識したレーサーの場合、GSと最も異なる点はゲートの近くを通過することで、ターン外側の手でゲートをクリアする際に、本来の姿勢や操作が乱れやすくなります。滑走を反復することで慣れることも大切ですが、ゲートとの距離や通過の姿勢など基本的なフォームから指導することが理想です。

スラローム①停止（ブラシマーカー使用）

設定と条件

・傾斜に立ち、ブラシマーカーを置く

目的（ターンのどの位置か）

• 小さな弧を描くためゲート近くを通ること

動きのチェックポイント

・インコースを通過することで身体が内倒しないこと
・内スキーに荷重が偏らないこと

効果

• 障害物がなくフリー滑走での基本姿勢を意識しショートターンができる

他との連動性

・SL において通過ラインは重要であり、レベルが向上するほど近くを滑ることができる

注意点

• ゲートの近くを通過することを意識しすぎて、スタンスが狭くならないことが大切

逆手フォーム

ターンのはじめと終わりの基本姿勢

逆手によって内倒してしまう

膝だけを入れすぎると減速する

高い姿勢では膝が使えない

設定と条件

・平地に立ち、ショートポールを置く

目的（ターンのどの位置か）

・より最短距離のラインを描くために、脛にゲートが当たる感覚をつかむ

動きのチェックポイント

・ブラシマーカーと同じ基本姿勢を取り、内膝の脛がショートポールに当たる位置に立つ
・ショートポールの当たる位置は脛の中間を目安とし、極端に下にならないよう注意する
・上体はロングゲートに当たる構えをとる（逆手・順手）

効果

・外脚の膝を入れると同時に、内膝もゲート側に入れる
・ゲートの抵抗を腕と同時に脛でも当たり緩和させる

他との連動性

・上体への意識が過剰となり、膝の入れ方が不足しないようにする

注意点

・ショートポールに内膝の脛だけを当てようとして、外スキーへの荷重と角付けが少なくならないことに注意する

スラローム②停止（ショートポール使用）

逆手

基本姿勢（脛があたる）

膝だけ入れようとして腰が下がりすぎる

設定と条件

- 平地に立ち、ロングポールを置く

目的（ターンのどの位置か）

- 実践と同じ状況を作り、ロングゲートの払い方（当り方）を確認する

動きのチェックポイント

- 基本姿勢を取り、外スキーでのターンを基本とする
- ゲートから適度な距離を取り、内膝の脛の中間をロングゲート下部に近づける
- 腕は胸上部に置き、膝と同時にロングポールへ当たる位置に置く

効果

- 脛の当たる位置や腕の構えを知ることで、実践的な姿勢を作りやすい
- 衝撃の少ない場所に当ることで減速やミスを削減できる

他との連動性

- 上体への意識が過剰となり、脚の動きが疎かにならないこと

注意点

- 通過する際に身体がターン外側や内側に動かないようにする
- 身体が後ろに引けないように注意する
- 倒す意識が強くなり、外腕や肩が前に出すぎると、内倒しやすいので注意
- 振り込んでしまうと内スキーに荷重しやすくなる

スラローム③停止（ロングポール使用）

ハイレベルな場合は身体の内傾を利用しゲート内側に顔置く。逆手導入の場合はポールを外側に傾ける

基本姿勢は必ずとる

逆手

基本姿勢

逆手入門は顔を外に出す

逆手の導入

❶前もってストックなどでロングポールを押し、恐怖感を軽減する。また、腕などの基本的な構えを習得する
❷ロングゲートをターン外側に斜めに立て、基本姿勢のまま外の腕が当たることをイメージする。ターン中には身体が内傾することで同じ形になる

スラローム④実践

設定と条件

- 中斜面に SL オープンゲートをセットする
- 11m の間隔でシンプルかつ一般的なセットを使用

目的（ターンのどの位置か）

- 最も大切な切り替えでは基本姿勢でターンを終え、基本姿勢からターンを始動することを反復する
- セットが細かいため、動作だけが速くならないよう、正確な操作で外スキー主体で滑る
- ロングゲートの意識を過剰に持たずにターンへの意識を高める

動きのチェックポイント

- ターンを終えるときは、停止の基本姿勢を取る
- 切り替えでは立ち上がる前に山膝で角付けを切り替え、素早く次の外スキーからターンを始動する
- 上体の先行運動は避け、外スキーが動いた後に上体を回転させる
- 外腕でゲートを払うのではなく、基本的な構えのまま通過する意識を持つ
- スタンスが狭くなりすぎないこと

効果

- 荷重と角付けなど正しいスキー操作によってスキーのたわみを引き出す
- 切り替え位置で安定した姿勢を取ることで、ターンを連動することができる

他との連動性

- ライン取りはずれのないコンパクトなターンが求められる

注意点

- GS と比べてスキーが短いため、直線的なライン取りになりやすい
- 切り替え後、ゲートを倒すために外の肩や腕が前に出過ぎると、強い振り込みになる

後ろから　　正面から

設定と条件

・斜面横にセットされたオープンに対し、斜面縦にセットする
・目的はリズム変化と難度を高めること
※近年はヴァーチカルが多くなり、大会によってはオープンのターンの数を上回る

目的（ターンのどの位置か）

• 減速要素の多いオープンゲートに対して、よりスピードを得ることができる
• ゲート間隔が狭いため、素早い切り替えが求められる

動きのチェックポイント

・スキーを明確に斜面下に向ける
・大回りにならないようスタンスは狭くする
・上体は安定させて膝の動きだけを使う
・ひねり操作をできるだけ使わない

他との連動性

・ヴァーチカルは 5 ～ 6m と狭いため、事前にバランスを整えて入る
・ヴァーチカルの出口ではバランスを崩さず、通過後のリズム変化に対応する

スラローム⑤実践（ヴァーチカル）

スラローム⑥セットパターン

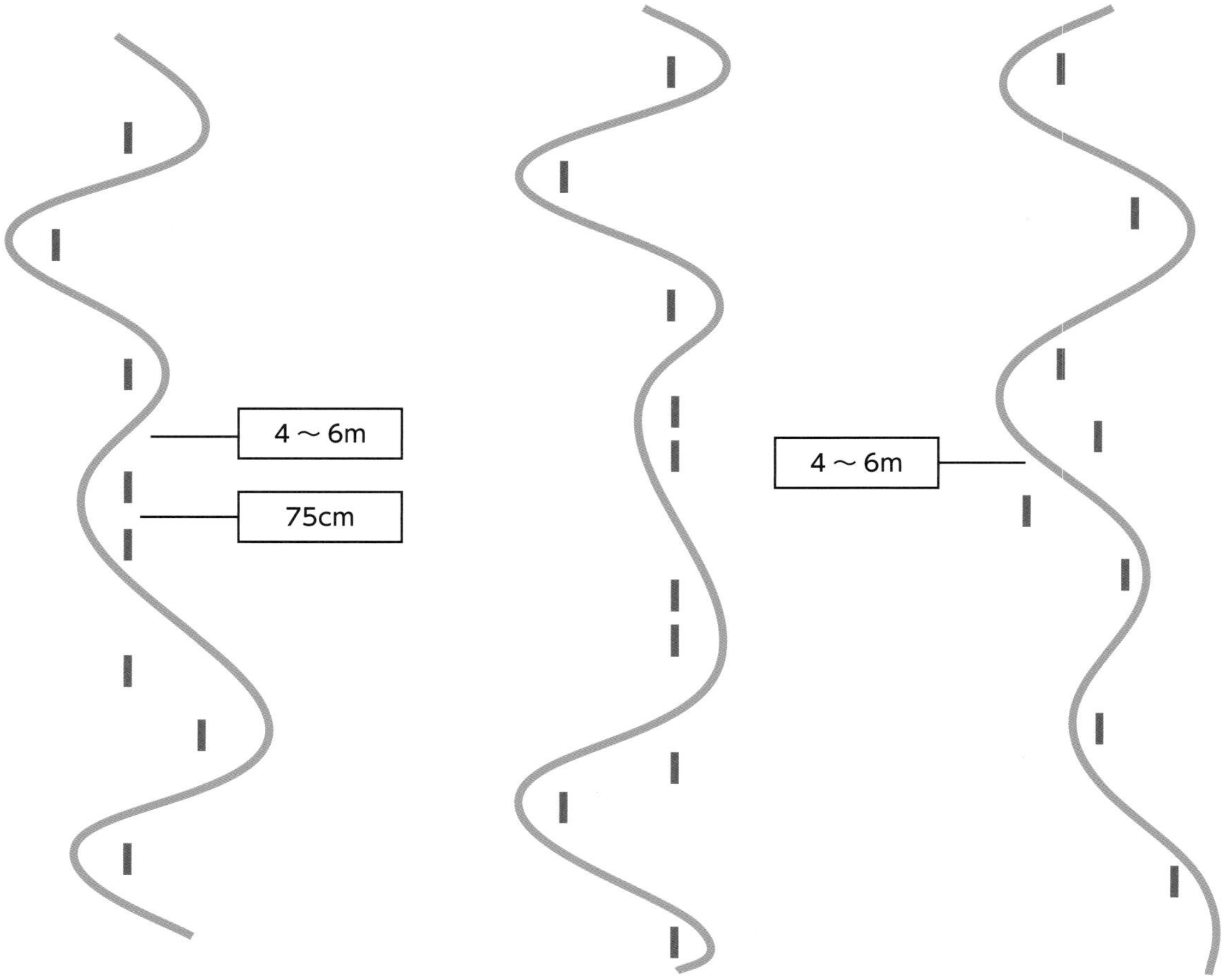

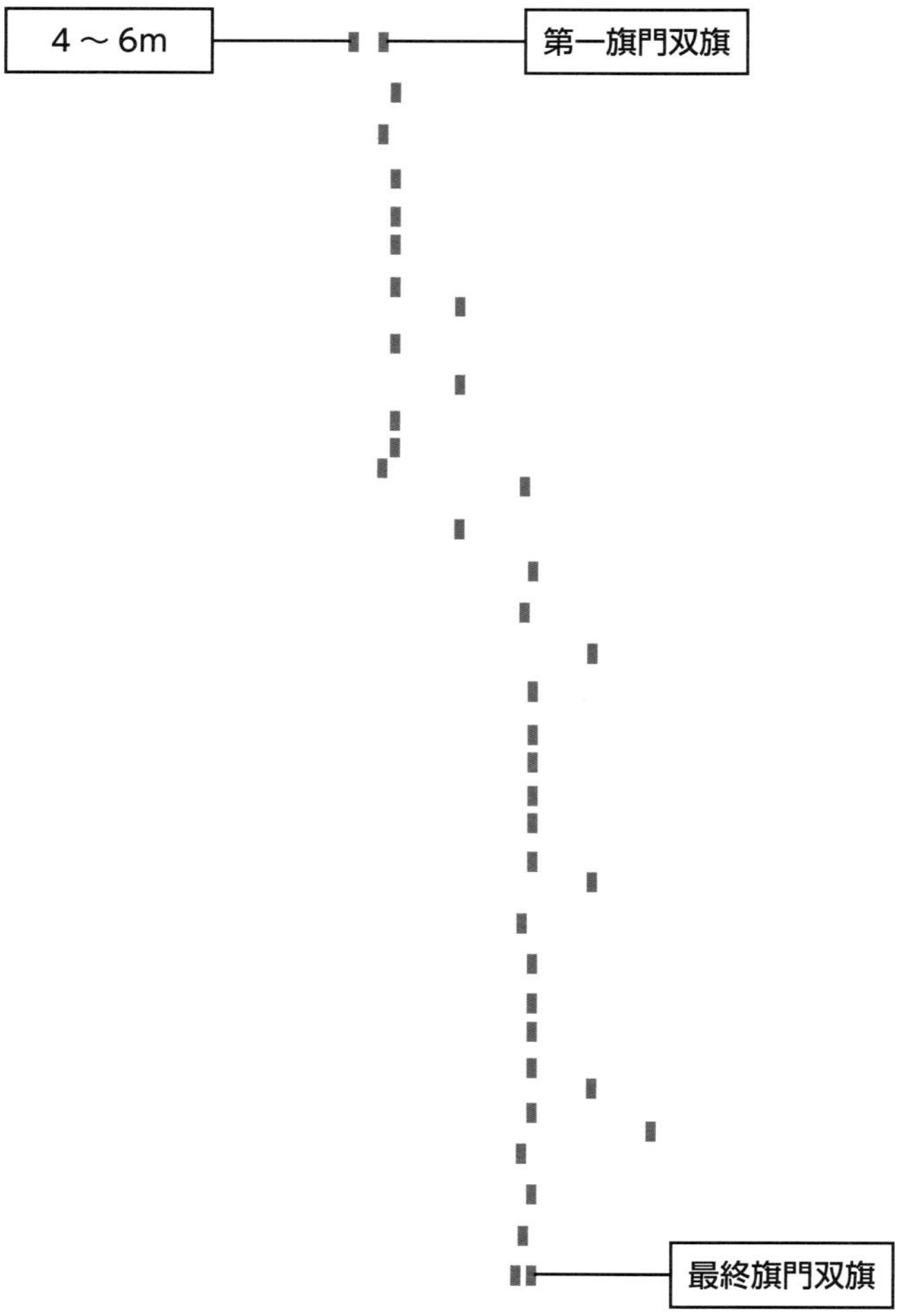

様々な条件でのトレーニング

調整力やリカバリー力は滑ることで身につける

ゲートトレーニングは、整地されたコースにゲートをセットして滑ります。しかし整地したコースであっても、上半身と下半身の異なった動きや左右非対称など、調整力が求められます。また同じコースを繰り返し滑るためにコースが荒れることが多々あり、瞬時のリカバリーも求められます。

こうしたアルペンスキー特有の運動は、滑走することでしか身につきません。そこでパウダーやバンク、ウェーブやジャンプなどさまざまな環境で滑ることが上達に不可欠となります。安全には十分に注意し、いろいろなシチュエーションを滑ることでレベルアップを目指しましょう。

設定と条件

・未圧雪の新雪を滑る

目的

- 浮力によって前後左右に不安定になる状況で滑り、上体のコントロールをつかむ
- 過度な前傾姿勢にならず、スキーが前へ抜ける荷重位置をつかむ
- 適切なスタンスとパラレル操作を体感する

効果

- ターン後半での荷重位置やスキーを前へ押し出すことを知る
- 急斜面や高速でのターン後半において、雪面への荷重と反動のコントロールを身につける
- 腕などを使って上半身のバランスを取る方法を知る

他との連動性

・両脚荷重によって得られる浮力感覚を活かし、柔らかい雪面への対応力を身につける

注意点

- 強く外向傾姿勢を取った荷重と真上からの荷重の違いを感じる
- 強い外向傾姿勢での荷重は浮力が少なくなるため雪に食い込みやすい
- 真上からの荷重するは浮力が大きくなりスキーがたわみやすくなる
- 雪面に対する抵抗の有無を知る

シチュエーション①パウダー＆悪雪

設定と条件

- 20m 間隔と 5m 間隔のウェーブを直滑降する
- 20m 間隔のターンをイメージしながら脚の曲げ伸ばしを確認する

目的

- GS を想定した大きなターンでは始めに脚の動きを使い、スピードが上がっても全身を使って身体が雪面から浮かないように吸収する
- SL を想定した小さいターンでは全身で吸収する時間が取れないため、上体を安定させながら脚を動かす
- 1ターン中に複数の掘れ跡がある場合にはウエーブでの運動がより活かされる
- 同じウェーブであっても、低速では極力下り傾斜に体重を乗せる
- 低いところでは脚を伸ばして抵抗を加え、上り傾斜では脚を抱えて吸収する
- 吸収するための脚の曲げ方はスキーや膝が前に出るようにし前傾過度にしない
- ピークを過ぎた時点でトップを下げ、雪面からスキーが離れないようにコントロールする

ウェーブでのターン

- 幅広いウェーブで滑る場合は、凸凹に対して均等な荷重と角付けを保ちながら滑らかなターンを行う
- 荷重と抜重をコントロールし、滑走スピードとターン弧は一定に保つ

効果

- ターン中のスキーのたわみと同じ感覚をつかむことができる

注意点

- 後傾姿勢が最も大きくバランスを崩す原因となる
- 腕が下がると後傾姿勢につながる

シチュエーション②ウェーブ

シチュエーション③ジャンプ

設定と条件

・ウェーブを用いて、吸収せずにジャンプをする

目的

- 基本姿勢の確認と雪面からの圧を感じる
- 怪我を予防したり、着地後のターンに備えるために、脚を伸ばした腰高で着地をする

動きのチェックポイント

・上半身を前傾させ腰はやや高めの姿勢でジャンプに臨む
・空中ではやや前傾姿勢を保ち、トップが浮かないようコントロールする
・着地する傾斜に合わせ前傾姿勢やトップの下げ方の調整が必要になる
・着地の際は脚を伸ばして衝撃を和らげ、怪我を防ぐことが大切

効果

2つの方法がある

- 飛び出しの姿勢を一定にした場合、飛距離は長くなるが空気抵抗は少ない
- 吸収のため飛び出しで身体を一旦伸ばすことで、飛距離は短いが空気抵抗は大きくなる

注意点

- 吸収動作を大きくしたり、急激に行うとバランスを乱しやすく、ミスを招く

設定と条件

・８ｍ間隔のバンクを滑る
・ストックなしとありで滑る

目的

- 掘れた溝の滑り方が身につく
- スキーのたわみを感じ取れる
- 切り替えでスキーが浮かない方法を習得できる

動きのチェックポイント

・上半身は主に腕を安定させる
・身体のひねりを使わず、スキーと同じ方向へ向けることを意識する

効果

- 溝の始めから終わりまで滑ることで、スキーが一定にたわむ滑走感覚をつかむ

他との連動性

・溝の内側は抵抗が大きく滑走性が悪くなる
・溝のなかでスキーを横にすると、不安定になり雪面抵抗が増える

注意点

- 内倒したり身体を振り込んでしまうと、スキーがずれたりバランスを崩しやすい

シチュエーション④バンク（ストックなし）

シチュエーション④バンク（ストックあり）

お手本の滑り

バンクでは平行での操作がポイント

Part5
世代ごとの指導ポイントとレーシングの準備

このPartではユース世代とシニア世代の練習方法やレースの予備知識を紹介します。

ユース世代の実践滑走

ユース世代独特の配慮や工夫が必要

ユース世代のゲートトレーニングは安全に配慮しながら、効率のよいトレーニングが求められます。

短いスキーを使うユース世代がアダルト世代と同じコースでトレーニングを行うことは、ゲート間隔が大きいためスピードが高速になりやすいといえます。とくに雪面が荒れて溝や掘れができた場合、短いスキーを使用するユース世代のレーサーにとっては危険が高まります。そのためゲートの太さやセッティングに配慮することが求められます。

また、身心ともに発育時期にあることから、ゲートによる身体への傷害の心配もあります。バランス感覚やスキーの楽しみを伝える観点からもゲートに拘りすぎないように、さまざまなトレーニングを取り入れた指導が重要です。

ユース世代の実践①ジャイアントスラローム実践・低学年

設定と条件

・中斜面と緩斜面に 23 ～ 25m のインターバルで GS をセット

目的（ターンのどの位置か）

• 筋力が発達過程にある低学年は、腕や上体を利用してバランスを保つ
• スタンスはやや広く保ち、リズム変化や雪面条件に対応できる姿勢を保つ

動きのチェックポイント

・腕を前や横にバランスよく保つ
・体幹が弱いため上体は前傾をやや深くとる
・筋力や脚筋力が不十分であることから腰は高く保つ

注意点

• スキーが短いためずらす場面は少ないが、不安定になることも多いため、安定した操作が求められる

ユース世代の実践②ジャイアントスラローム実践・高学年

設定と条件

- 中斜面と緩斜面にインターバルをオープン 10m、ヴァーチカル5mでセット

目的

- 外スキー主導のターンをより重視し、正確なターンを目指す
- バランスが取れた上半身の姿勢を維持する
- スキーが短いため、ターン中に外向傾姿勢など大きなひねり運動を必要としない
- 腰の高さを保ち、スキー全体を使う

注意点

- スキーサイズが短くても、ゲートに対して直線的なライン取りができるが、急激な動作にならないよう注意する

ユース世代の実践③スラローム実践・低学年

設定と条件

・中斜面と緩斜面にインターバルをオープン 10m、ヴァーチカル 5m でセット

目的

・上下運動を抑えながら細かなターンを行う

動きのチェックポイント

・スキーが短いため、上体と腕を有効に利用する
・極端にインコースを通過することなくターンを重視する
・GS の感覚で滑り、短いスキーでのカービングを反復する

効果

・前後や左右のバランス取りは、パウダーや悪雪での滑りを生かす

他との連動性

・SL での膝の使い方などは、GS にも役立てられる

注意点

・ゲートからの衝撃でバランスを崩すこともあるため、無理に逆手を使うことなく、バランスが取れる正しい姿勢を優先する

ユース世代の実践④スラローム実践・高学年

設定と条件

- 中斜面と緩斜面にインターバルをオープン 10m、ヴァーチカル5m でセット

目的

- 膝と腰で外傾姿勢を取り、深い角付けをする
- ロングゲートを倒しながらスキー操作を行うなど、上半身と下半身の両方に意識を持つ

動きのチェックポイント

- 雪面から離れないよう、脚の屈伸を利用して中間姿勢を保つ
- ゲートに影響されることなく腕と上体は安定を保つ
- インコースのラインを狙いながらも、外スキーが乱れないようにターンの意識を継続する
- ストックは正しく突き、ターン終わりの姿勢を正しく取る

注意点

- SL スキーのたわみ感覚を身につけるためには、整備されたバンクコースが有効になる

ヴァーチカルの悪い例

斜面状況が難しい場面で上体の前後運動が多くなると、身体が浮いてしまう

ストックワークの悪い例

逆手でゲートを払った後に衝撃で腕を引かれたり、ストックを突く位置が後ろになった場合は、次のターンで振り込んだり内倒してしまう

シニアレーサーの実践滑走

生涯スポーツとしてマスターズを目指す競技スキーヤー

マスターズとはゴルフの大会名にもあるように、「選抜されたプレイヤーが参加する競技会」を意味します。競技種目によって対象年齢は異なりますが、スキー競技会は一般的に30才以上のシニアレーサーを対象として開催され、高い人気を継続しています。年代別ではとくに60才以上が多く、80才以上の優秀なスキーヤーの方々も現役選手として多く活躍しています。そして競技力向上のためのトレーニングとして、ゲートを滑れるスクールを利用したり、クラブでの練習会を実施しています。

我々がこのような方々を指導するにあたって、ユース世代と大きく変わる点はありません。しかし筋力が弱かったり、柔軟性が少なかったり、バランスが悪いなど、年齢による特徴があるため、安全性をより重視したり、整備を丁寧に行うなど、転倒を防ぐことが基本になります。そして滑り過ぎないように、滑走量のコントロールにも注意を払うことが大切になります。

シニア世代への指導の注意点

シニア世代の技術ですが特徴として多く見られるのは、これまでの癖が抜けず、無駄な動作が多くなりがちということです。

例えばスキーを平行にできないためにステップターンを行ったり、上下運動を大きく行うなど、スムーズにターンができる現在のマテリアルを活かしきれていない場合があります。

競技会に出るほどの向上心を持っている競技スキーヤーの方々には、これまでの癖が滑りにどのような悪影響を与えているのかを、1つひとつ説明する丁寧な指導が求められます。

それから実感しやすい低速でのエクササイズを取り入れながら、ゲートトレーニングを行うことが望ましいと考えます。

設定と条件

- 対象がゲート入門者の場合には、緩斜面から中斜面など簡単なコースを設定する
- 経験豊富でレベルが高い場合には、距離を長くしたりゲートの本数を増やす

指導のポイント

- 技術的にはジュニア世代と同様に基本姿勢と操作を指導する
- 柔軟性が落ちている場合、スキーの性能を正しく使うためには、スキーの進行方向と同じ方向への運動が必要になる
- 入門者には、ライン取りをはじめとした「規制したゲート滑走のポイント」を正しく説明する

安全の注意点

- ヘルメット（義務）や脊髄プロテクター（推奨）などの装着を確認する
- 障害物とゲートセットの距離を10m 以上離す
- コース整備をより頻繁に行い、場合によってはセット替えも行う
- ビンディングの解放値を確認する
- 事前の体操やフリー滑走を十分に行う

シニアレーサーのゲートトレーニング

シニアレーサーの実践①

低速での練習ポイント

プルークボーゲンで基本を確認する

プルークボーゲンには基本要素が詰まっている

　低速は姿勢やスキー操作を確認するうえで最も大切な練習方法です。また緩やかな斜度や短い距離でいつでも行えます。低速練習を行ってからゲート練習を行うことは非常に効果的です。

　低速での練習で大切なことは、自身の滑りを研究したり、コーチから受けたアドバイスを反復したりすることです。そして上手くできない原因が姿勢からくる問題なのかスキー操作の問題なのかを知ることが大切です。

　理解したことを実践できる方法がプルークボーゲンでの低速練習になります。プルークボーゲンは初心者でも斜面を滑り降りることができるさまざまな技術が詰まっていますが、競技スキーヤーにとっては不要だと思われがちです。しかしプルークボーゲンで滑ることで感じられるスキーの基本の確認はとても大切です。例えば、ターン前半で上手く外スキーに荷重できない場合は、前半部分のフォームに問題あります。その場合には59ページの練習を参考にして、どうすれば前半から荷重ができるようになるかを練習してください。その後、同じようにターンの中盤と後半でも十分に外スキーへの荷重ができているかを確認します。

　外向姿勢や前傾姿勢の度合い、外傾姿勢の取り方など低速の中で自身の姿勢や操作を変えながら、最終的には緩斜面でスムーズなプルークボーゲンができることを目指してください。地道な練習ですが、最終的にはこのような正しいスキー操作ができるか否かでタイムに大きく影響します。

チェックポイント

□適切な外向傾姿勢が取れているか
□適量の前傾姿勢ができているか
□外スキーへ上手く荷重ができているか
　（ターンの前半・中盤・後半）
□トップの幅が変わらずに滑れるか
□徐々に荷重を強め、徐々に弱める動きができているか
　これらの要素に自己分析やコーチからアドバイスされた内容を加える

フリースキーの課題設定

課題の例

□一定のターンの幅で滑る
□一定のスピードで滑ったりコントロールできる
□ターン弧のサイズを変える（ロング・ミドル・ショート）
□適切な外向傾姿勢や前傾姿勢で滑る
□斜面によってカービングターンとスライディングターンを使い分ける　など

シニアレーサーの実践②
フリースキーでの練習ポイント

事前に課題を設定し反復練習をする

フリースキーでは自身の課題を意識して滑ることが大切です。お薦めの方法はフリーで滑る前にプルークボーゲンで課題を再確認します。

フリースキーは規制されない分、漠然とした練習にもなりがちです。またオーバースピードで滑るシニアスキーヤーをよく見かけます。ターンの幅を調節したりスピードをコントロールしながら滑ることも練習として効果的です。一般的にはフリーでの滑走時は徐々にスピードが上がり、ターンが大きくなりそこで満足して終えてしまうことが多いように感じます。ゲートに役立つ質の高いフリー滑走を行うには、予めターンの幅やスピードを設定し、安定した滑りで反復するようにしてください。

浅回りや深回り、カービングやスライディングなどそれぞれの姿勢やスキー操作、リズムや荷重のタイミングが異なります。これらの要素を滑るコースに合わせて行うことでゲートにもつながる練習ができます。

シニアレーサーの実践③

カービングとスライディングを使い分ける

カービングとスライディングの使い分け

ずらしてスキーの方向を替える技術が重要

マテリアルの進化により、ずらさずに弧を描くカービングターンを目指すスキーヤーが増えています。これはとても重要なことであり、スキーヤーが目指すターンといえます。

しかしレーシングの場合、ゲートのセットによっては極端にきつい深回りや細かい動きが求められることが多く、カービングターンだけでは滑ることができない場面があります。カービングで対応できない局面でカービングをしてしまうと、ターン後半に減速したり転倒やコースアウトすることにつながります。また力づくのカービングターンをすることによって抵抗が大きくなり、結果的に減速することがあります。

大切なことはスキーをずらして次の方向に変えるスライディングの技術を身につけることです。ポイントとなるのは切り替えで、山開き（シュテム）を利用して素早くスキーを斜面の下方向に向け、その後内スキーを揃えるようにします。この動きをより短時間に行うためには、スキーの中心を起点に左右へ動かすピボット操作が有効です。

レースでの対応幅を広げるためには、少ない雪面抵抗でターン弧を小さく描くスライディングターンを身につけることがとても重要です。

チェックポイント

□カービングでは滑ることができない状況を把握する
□切り替えで山開きの動きを使う
□ずらしてから内スキーを揃える
□内スキーを揃えるタイミングでずれの量が変わることを理解する
□後半はずれを押さえて滑る　など

シニアレーサーの実践④

ターンマキシマムを理解する

ターンのマキシマムを理解する

ゲートまでにターンの
70%を終える
ゲートまでにターンの
70%を終えられると丸い
弧のターンができるため、
スムーズに滑れる
ゲートに合わせて運動を
するとターンが長くなった
り、ゲートを過ぎてから
スキーがずれてしまう

ターンの70％辺りでマキシマムを作る

スキーにはリズムとタイミングが必要です。リズムとは同じ動きを一定のテンポで繰り返すことですが、同じリズムで連続ターンをすることは難しい技術です。特にカービングターンでターン前半から後半まで同じように力を入れてしまうと、弧がふくらんだり暴走してしまいます。この現象を防ぐためには、ターンで最も力を加える「マキシマム」の位置を知ることが大切です。

　具体的にはターンの70％辺りがマキシマムに適しており、ゲートの場合はゲート真横または直後あたりになります。マキシマムまでは荷重や角付けを徐々に強め、加えて前傾姿勢によってスキー前方からたわみを作ります。そうすることでマキシマム以降にスキーは反動（リバウンド）を得て加速したり、スムーズな移動ができるようになります。このマキシマムはターンの深さや種類、雪面状況によって変わりますが、リズムとタイミングを合わせることで安定した連続ターンにつながります。

　なお長いスキーを使ってきた世代のスキーヤーは、急激なエッジングをしがちです。一気にエッジングをするのではなく、徐々にエッジングを強めていくことを心掛けてください。

チェックポイント

□ターンのマキシマムとはスキーがもっともたわむ位置になる
□スキーのたわみを体感する
□スキーのたわみを引き出す切り替えをする
（外向傾姿勢・前傾姿勢・外脚荷重・角付け）
□ターンの 70％の位置を理解する
□ 70％の位置でマキシマムを迎えらえるようにするなど

シニアレーサーの実践⑤

圧迫感のない規制練習から始める

ショートゲートなどで練習をはじめる

チェックポイント

□慣れないうちは圧迫感のないショートゲートなどを利用する
□圧迫感のない状況でフォームや動きに集中する
□目印（マーク）に気を取られないようにする
□目印（マーク）をやや過ぎた位置でマキシマムを迎える
□ロングゲート前の練習としてもおすすめ　など

ショートゲートなどを使って フォームやターンに集中する

レーシングスキーの難しい点は、なんといってもゲートで規制されたコースを滑ることであり、フリースキーのように自由に滑ることができません。

規制をして練習する場合ですが、ロングゲートよりもショートゲートやブラシマーカーなど圧迫感のないものがおすすめです。そのような道具を利用して、フォームやターンに集中した練習をしてください。

ここで大切な点は、目印となるマークに気を取られないことです。マークにタイミングを合わせると準備動作が遅れ、ターン後半に力が集中するため減速の原因となります。低速練習やフリー滑走での意識を持ち続け、マークはターンの通過点という意識が大切です。この練習に慣れてきたら、マークをやや過ぎた位置にマキシマムのタイミングを合わせることで、ロングゲートの練習の準備になります。

適応力の高いターン技術とは

カービングとスライディングのミックス

チェックポイント

- □ターン前半はスライディングターンを使う
- □ターン後半はカービング要素を強める
- □テール開きやピボット動作など自分に合ったスライディングのやり方を知る
- □カービング要素を強めるタイミングをつかむ
- □できるだけ滑らかにスライディングからカービングに移行する　など

カービングとスライディングを織り交ぜて適応する

フリー滑走や規制練習で基本的な運動のリズムやタイミングを身につけた後は、いろいろなターンの種類の習得が必要になります。ターンの種類は主に大きさと振り幅の違いになります。大きさにはロング、ミドル、ショートとあり、振り幅にはストレート（浅回り）、ミドル（中回り）、ワイド（深回り）があります。

同じGSルールでも大きさや振り幅は異なり、斜面に応じてミックスしてセットされます。このセットに1台のスキーで適応するためには、カービングターンとスライディングを織り交ぜることが大切です。

基本となる組み立ては、ターン前半はスライディングを用い、ターン後半はずらさずに滑ることです。ただしこの組み立ての滑りはすべてのスキーヤーにとって共通ではなく、スキーのサイズや技量によって異なります。そのため自分に合ったスライディングのやり方を知ることがとても重要です。

シニアレーサーの実践⑦

ゲート内で外向傾姿勢

ゲート内での外向傾姿勢

チェックポイント

□スピードやターンの形状などの状況によって姿勢が変わることを理解する
□外向傾姿勢によって角付けを強めたり外力に耐えるという目的を体感する
□ターンを始動してから徐々に外向傾姿勢を強める
□マキシマムでたわみ＝外向傾姿勢が最大になる
□ターン後半は外向傾姿勢を徐々に緩めて斜滑降に移行する　など

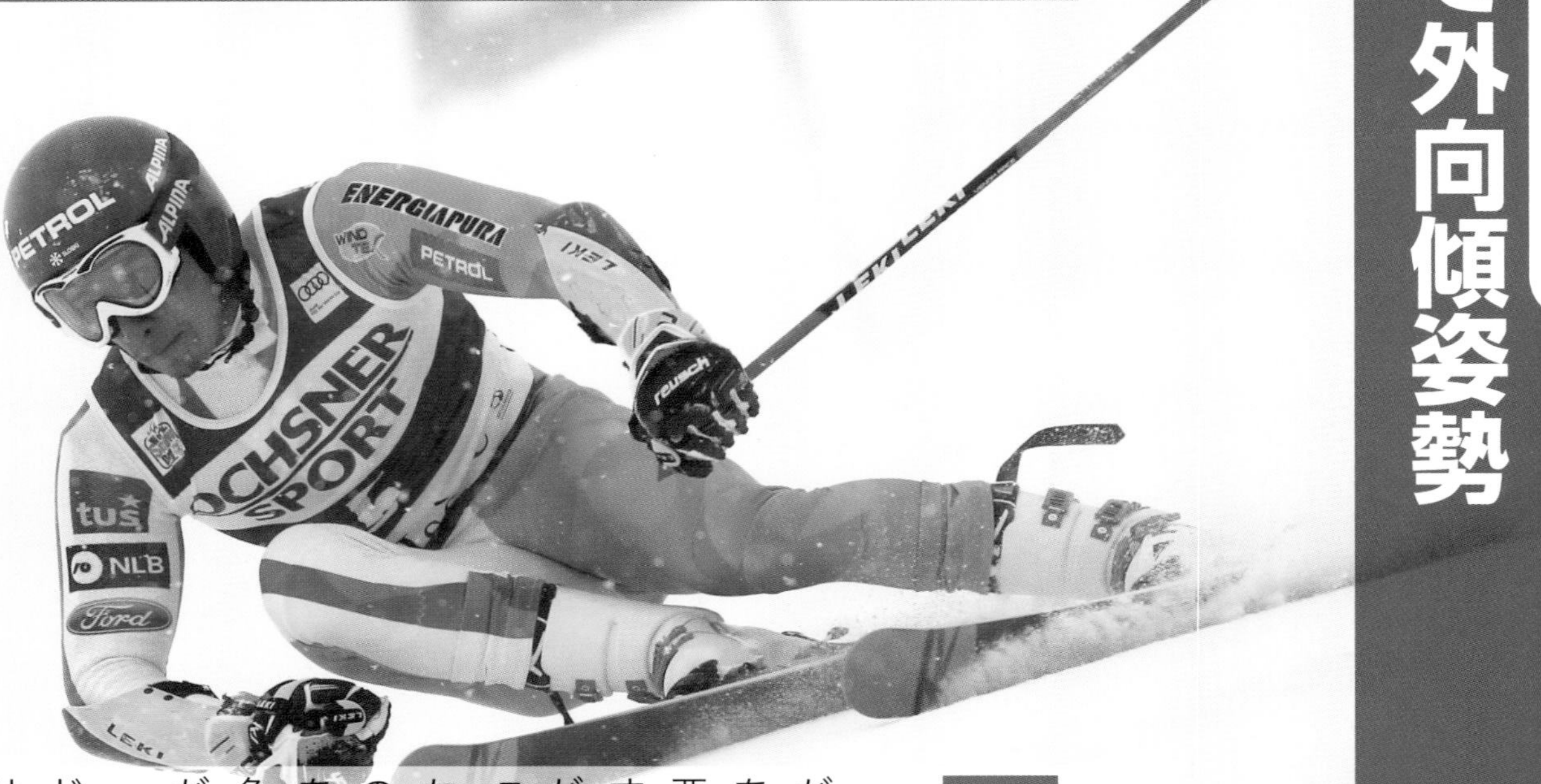

マキシマムに向かって徐々に強め徐々に弱める

外向傾姿勢はスピードを利用しながらスキーに力を伝えたり、角付けを強めて雪面を切っていくために必要な姿勢です。外向姿勢の取り方ですが、上体の向きに対して外スキーがターン内側を向くことによって「ねじれを作る」ことがポイントになります。また外傾姿勢ですが、この姿勢はターンの外側に対して身体をくの字に曲げることであり、より角付けを強めたり外力に耐えることが目的になります。

　外向姿勢、外傾姿勢ともに、スピードやターンの形状などの状況に合わせた姿勢をとることが必要になります。また前傾姿勢と組み合わせることで自然にスキーのたわみを作れるようになります。もちろん必要以上にこの姿勢を作ってしまうと減速や運動を妨げるため、適切な姿勢を見つける必要があります。

　次に大切なポイントは、滑走中に外向傾姿勢が最も強まる位置であるターンのマキシマムを意識することです。ターンを始動してから徐々に外向傾姿勢を強め、ターンの70％辺りである「マキシマムポイント」にタイミングを合わせ、スキーのたわみが最大になるように動きます。その後、ターン後半の斜滑降ではスキーの推進力を得るため、徐々に外向傾姿勢を弱めながら次のターン方向へ向かいます。

　この動きを覚える場合も補助マークを使った練習が効果的です。この練習では早く外向傾姿勢をとりすぎたり、ゲートにタイミングを合わせてしまってタイミングが遅れたりしないように注意してください。ゲートの手前や横、斜滑降の位置に目印としてマークを置くことで、ゲート内での効果的な姿勢位置を感じることができます。

シニアレーサーの実践⑧

ゲートとの距離感

チェックポイント

□ゲートの近くを通ることが常にベストではないことを理解する
□左右への傾きによってスピードを得られることを体感する
□滑走ライン、スキーとゲートとの理想的な距離をつかむ
□インを攻めすぎた場合のミスを体感しておく　など

ゲートの近くを通り過ぎると減速やバランスを崩しやすい

競技歴が長く、スピードやゲートへの恐怖感が少ない方に多い動きが、ゲートの近くを通過しすぎて減速したり、バランスを崩すことです。特に大会では積極的なライン取りをしすぎ、直線的なライン取りをしてしまって滑らかな滑りを見失いがちです。

深回りや高速ターンでゲートのインコースを狙いすぎた場合はバランスを崩すだけでなく、体の軸を内側に傾けることができなくなります。そのためスキーのたわみが少なくなり、ゲート通過後の推進力がなくなってしまいます。さらに次のゲートに対しても直線的に入ることになるので、結果として窮屈なライン取りになってしまいます。

特にGSでは上下の運動だけでなく、左右の傾きを大きく使うことでスピードを得ることができます。その姿勢や運動ができる滑走ラインと、スキーとゲート位置の距離を取ることも大切な練習課題となります。

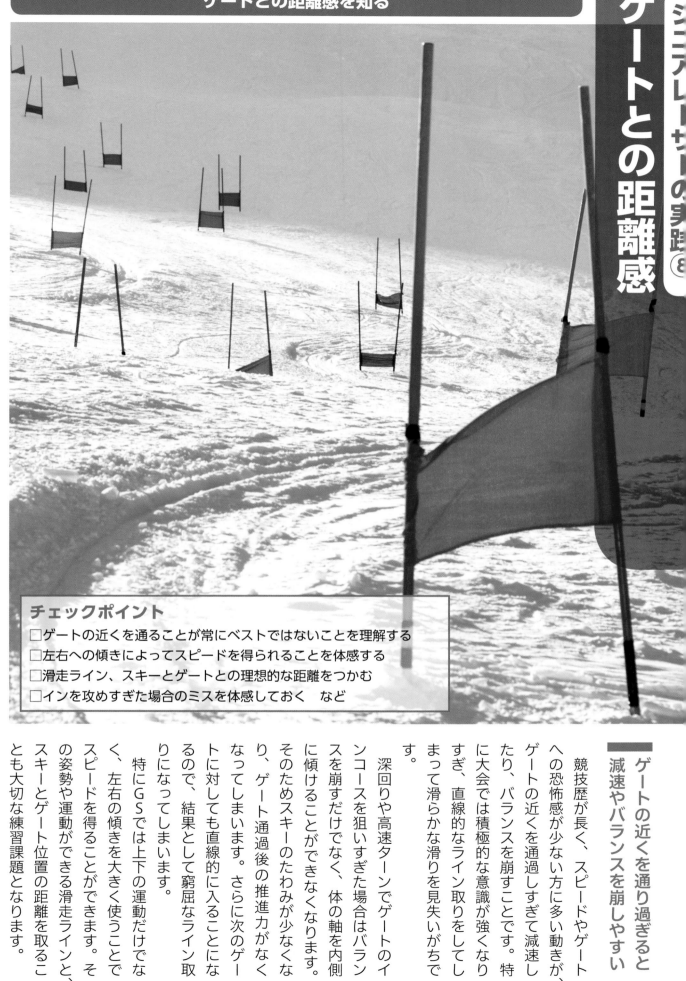

シニアレーサーの実践⑨

ゲートでの正しい視線

視線の方向

近くか遠くかではなく両方を見ることが大事

ゲートの見方の表現に「足元をよく見て滑る」、「遠くをよく見る」という相反する2つがあります。このどちらも間違いではありませんが、それぞれの弊害もよく見受けられます。

例えば足元ばかり見ている場合は、状況の変化に対応しにくくなります。逆に遠くばかり見ている場合は、滑走中のターンが疎かになります。さらにターゲットとなるゲートの滑走時に次のゲートばかり見てしまうと体がローテーションしたり、ターン時に内倒しやすくなります。さらにゲート通過後に2つ先のゲートを見続けると身体がねじられ、次のターンへの重心移動がスムーズにできなくなります。

基本的な視線の取り方は、まずはターゲットとなるゲートをよく見ること、そしてゲートに対する滑走ラインを見て確実にターンを仕上げることです。これができるようになればゲート通過後に2つ先のゲート位置を確認し、すぐに次のゲートを見てタイミングを図ります。

斜面の変化やセットリズムが変化する場合もよくあります。そうした時に役立つのが事前のコース下見であるインスペクションでの記憶です。理想的な視線の送り方とインスペクションの記憶を組み合わせることで、より理想的なライン取りで滑れるようになります。

チェックポイント

- □常に１地点を見続けるのではないことを理解する
- □まずはターゲットとなるゲートを見る
- □その後滑走ラインを見て確実にターンを仕上げる
- □滑走ラインを見た後は次のターゲットとなるゲートを見る
- □慣れてきたらゲート通過後に２つ先のゲート位置を確認する　など

積極的な意識と滑り

滑りと意識をつなげるために

積極的と消極的に偏りすぎない

大会では、積極的に攻める選手と安定感を意識しすぎて消極的な滑りになる選手の2タイプがいます。練習でのタイムがよかったり、滑りがよい感覚であれば、それに近い滑りが理想といえます。

しかし必要以上に力んで直線的なライン取りをしてしまうと、ターン後半にミスを招いたり、上体ばかりが先行して外スキーへ荷重できないなどの問題が発生します。逆に緊張や完走への意識が強すぎると、いつもよりも後傾姿勢になったり、運動が少なくなってスキーのたわみが作れないという問題につながります。

ゲートの練習を行う際には、課題のチェックや習得を主目的にする場合と、大会のように積極的に滑ることを主目的にする場合とを明確に分けて実践することが大切です。

極端に直線的に滑ることはよくありませんが、積極的な意識は悪いことではありません。その意識によって前傾姿勢が強まったり、ゲートに当たろうとすることで内傾角が強まることでよい結果につながることもあります。適度な積極性を発揮するためには、いろいろな意識で滑り、どのような意識がよいのかを知ることが大事です。その際に毎回タイムを計測し、自分のよい感覚とよいタイムがマッチした滑りを把握しましょう。

チェックポイント

- □大会では適度に積極性を発揮できることが理想だと理解する
- □積極性が強いとミスにつながりやすいことを体感する
- □消極的な滑りでは後傾になりやすいことを体感する
- □課題の練習と積極的に滑る練習を分けて行う　など

ウォームアップ

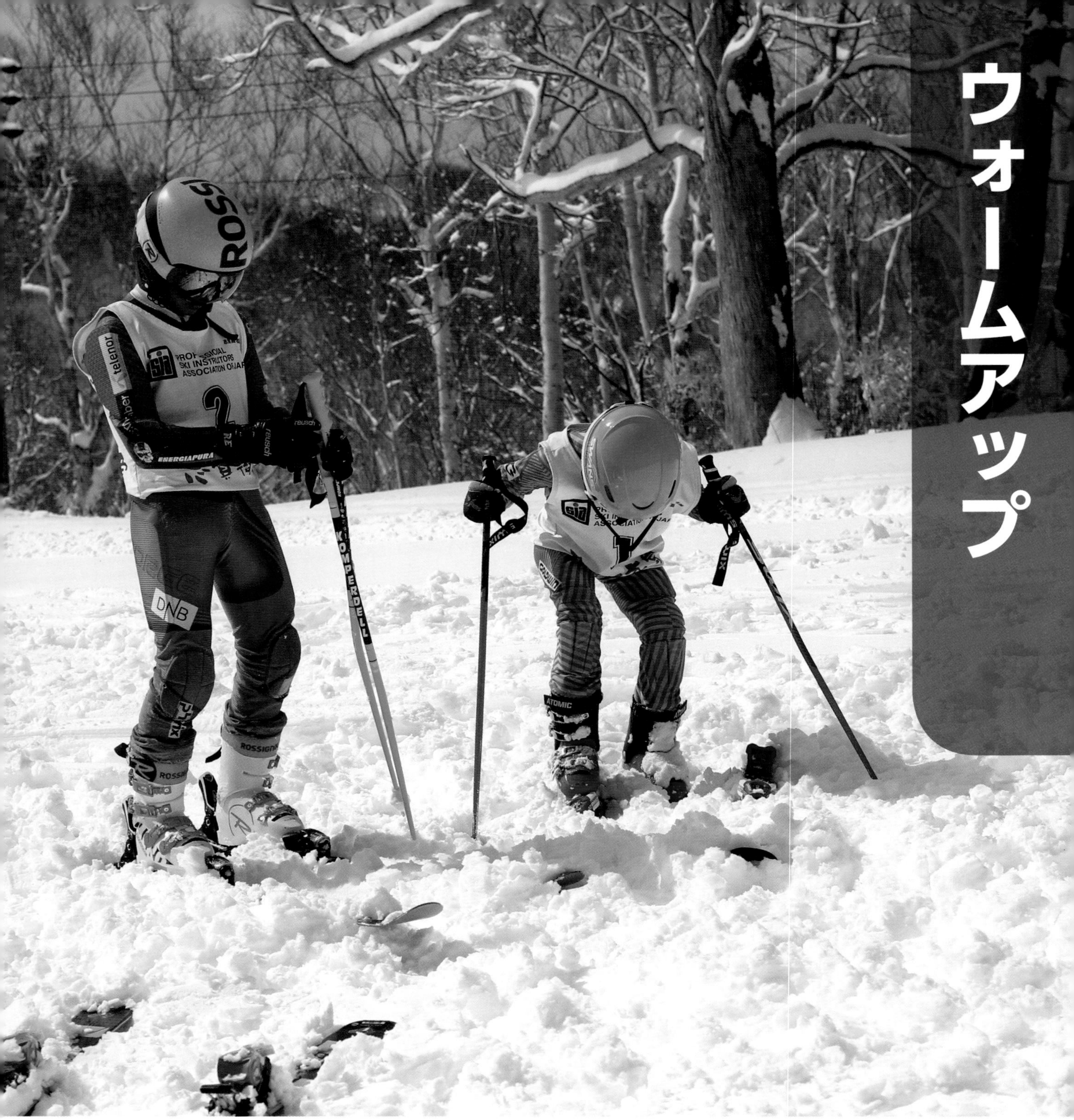

短時間で無駄のない体操を心掛ける

ウォームアップは、怪我の予防や自身のパフォーマンスを高めるために大切な準備時間になります。「他の選手よりも早く滑りたい」「一本でも多く滑りたい」などの気持ちを抑えてもらい、短時間で無駄のない体操を心掛けましょう。

また、滑る姿勢や動きのイメージトレーニングにも役立ちます。それから大会などでは緊張をほぐし、集中力を高める時間にもなります。

ウォームアップがルーティンのような「ながら運動」になってしまわないように、目的を説明しながら丁寧に行ってください。

設定と条件

- トレーニングや大会のスタート前に行う
- 身体を温め、動きをよくするために必要になる

目的

- 筋肉を温め、関節の動きをよくする
- 心肺機能を高めて血液循環をよくする

動きのチェックポイント

- 静的ストレッチではなく動的ストレッチが望ましい
- 脚全般、腰周辺、上体周辺など全体をほぐす
- 滑るフォームに適応した動きを取り入れる

効果

- 技術のパフォーマンスを高める
- 怪我を予防する

他との運動性

- コース滑走のイメージトレーニングにも活用できる

注意点

- 疲労時は急な動きに注意し、早朝から徐々に運動することを心掛ける
- ウォームアップする時間を逆算し、余裕をもってスタート付近に到着する

ウォームアップの例（スキーなし）

足を前後に振って股関節回りの可動域を広げる

スクワットの姿勢で尻や腰、背中をストレッチする

片足スクワットで負荷を加える

ウォームアップの例（スキーあり）

腕を伸ばしてストックを横に持ち、身体の側部全体を伸ばす

上体をそらして骨盤の前側全般を伸ばす

ひねりを加えて外向傾姿勢を確認する

上体を前にして脚裏全般を伸ばす。腰高な前傾の確認もできる

身体を横に移動して脚の内側を伸ばす

ウォームアップの例（スケーティング）

全身を動かして筋温を上げる

スタート方法

スタート方法を身につけることでタイムに差が出る

スタート方法は、コースの序盤にリズムをつかむうえで大切になります。とくに第1ゲートへのタイミングは取りづらく、スケーティングなどの技術も求められます。

タイム計測や大会では、スタート方法を習得している選手とそうでない選手では大きな差となり、筋力の強さはさらに影響が大きくなります。

日頃からスケーティングのトレーニングを取り入れるなど、スタートの重要性を伝えることが大切です。

ただし注意する点もあります。第1ゲートが緩斜面の場合は、全力で最短距離へ向かうことが理想です。その一方で急斜面などでは第1ゲートにタイミングを合わせることを優先し、進む方向を確認することも必要になります。スタートバーからゴールラインまで無駄なく滑れる細かい技術を身につけることが理想です。

設定と条件

- スタート台をフラットに整備し、滑り出し部分はスロープをつける
- スロープはコースの傾斜に合わせる
- 緩斜面の場合はスロープ部分を長く取る
- 計測する場合はフラットとスロープにスタートバーを設定する

目的

- スタートダッシュをするかしないかで、GS の場合には 1 つ目のゲートまでに 1 秒以上の差になる
- 正確な手順を身につけ、確実なスタートをきることが必要

動きのチェックポイント

- スキー前方をできるだけスロープ側に出す
- ストックをスロープ側(スタートバー)の前に置く
- 身体はスキー後方から前方へ勢いよく運ぶ
- 同時にストックを利用し腕の力で身体を前に運ぶ
- 直後に得意の脚からスケーティングをはじめて前進する

効果

- トップスピードに速く到達できる

他との連動性

- 1 つ目のターンにスムーズに入れるよう、直進や横へのステップも身につける

注意点

- ジャンピングスタートは効果が高いが、筋力が必要であったり、バーを先に切ってしまうリスクもあるため、自分にあった方法を見つけることが重要

スタート方法

ゲートのレッスン

ゲートトレーニングの備品

☐	ゲート 32mm 16才以上のジュニア･アダルトカテゴリー対象
☐	ゲート 27mm 15才以下のユースカテゴリー対象(50才以上のシニアは 27mm が望ましい)
☐	フラグ(視界不良時の安全対策)
☐	ドリル(2種類のビット)
☐	無線(効率化と安全対策)
☐	タイム計測器(無線)
☐	ビデオカメラ
☐	コース整備用具
☐	ビンディング調整工具
☐	インターバル計測器(スコープ/メジャーテープ)

ゲートレッスンを行うスクールの準備

☐	料金設定
☐	予約方法
☐	時間設定
☐	コースの確保
☐	安全管理の対策
☐	指導の一貫性
☐	ビデオレクチャー
☐	他チームとの連携
☐	スキー場の協力依頼
☐	宿泊施設の協力依頼
☐	保険補償への加入
☐	救急法の取得

ゲートレッスンを行うスクールとして

ゲートレッスンを行っているスクールには、一般レッスンにポールレッスンを加えたり、レーシング専門で運営するなどさまざまな形態があります。

ポールレッスンは、一般レッスンとは異なり、20～30名を一チームで指導することができます。その一方で専用コースの確保や多くの備品が必要になり、十分な安全管理のうえで実施することが求められます。

さらに大きな怪我をしてしまう可能性もあるため、募集時にその旨を明記、傷害保険や賠償保険に加入することが必須となります。参加者に加入を確認するだけでなく、指導者も加入しておく必要があります。

怪我の対応

□	怪我人の安全確保（10m 上部にマーク）
□	二次被害防止のため、隣のチームに滑走中止を要請
□	怪我人の状況を確認
□	電話またはリフト係からパトロール要請
□	他の選手への指示（他の指導者が不在の場合は中止する）
□	怪我人への引率
□	保護者近親者への報告
□	パトロールから事故・怪我の証明書受取
□	病院での診察
□	保険会社への連絡

コーチの業務

□	コースの事前予約と当日確認
□	備品の確認
□	選手の送迎
□	リフトの運行時間確認
□	ポールセット
□	スタート無線のセット
□	タイム計測器のセット
□	周囲の安全対策
□	雪質の確認
□	トレーニングのテーマと注意事項の説明
□	ウォームアップ
□	コース整備および判断
□	選手の疲労度のチェック
□	ゲート撤収
□	終了後のコース整備
□	終了報告
□	コンディショニングトレーニング
□	ビデオミーティング

コーチの業務と怪我の対応

競技スキーはゲートなどの備品が多く、準備の手際によってトレーニングの効率と成果が大きく変わります。またコースの確保は最も重要であり、トレーニングのテーマや対象となる選手に応じて、適したコースを予約する必要があります。

予約をするスキー場には、「指導者の氏名」や「連絡先」、「日時」などを明確に伝え、有事の場合の救護を依頼することが大切です。

指導中に怪我人が発生した場合は、二次被害を防ぐために対処をします。同時にパトロールやリフト係員に救護の依頼をするなど、一連の手順を知っておくことも大切です。できれば、指導者が救急法やパトロールなどの資格を取得しておきましょう。

大会参加と注意項目

大会参加の方法と注意事項

※ルール変更に注意する

□	公認大会を主催する連盟や協会を確認し、専用のエントリーフォームでエントリーする
□	FIS 公認大会は、加盟するクラブより都道府県を経由して申込され、参加許可を得る。その後一定期間内にエントリーを行う
□	エントリーフィーを指定通り支払う
□	参加の場合は引率者が必ず帯同する
□	大会前日に行うチームキャプテンミーティング (TCM) に必ず参加し、エントリーのボードを確認して参加者に伝える
□	スタート順は、TCM のドロー (抽選) によって決められる。方法は大会カテゴリーにより異なる
□	ビブは TCM 終了後に配布される
□	TCM 終了後にはウォームアップコースなどが案内されることがある。個人や少ないチームは予め合同チームを探すことが望ましい
□	当日は TCM で決められたタイムスケジュールに沿って行動する
□	スケジュール変更がある場合は場内アナウンスされるが、情報は常に収集しておく
□	コーチの立ち入り制限がある箇所は厳守する
□	スタートからゴールまでの迂回コースの確認をする
□	選手はゴールした場合であっても、レース終了後の失格者の確認を怠らない
□	何らかの問題で失格になっている場合は、ゴール役員に抗議を申し入れる
□	滑走中に問題が発生して滑走妨害をされた場合でも、ゴールした後は抗議の権利を失う
□	特別な理由がない場合、表彰式閉会式には参加することがマナーである

指導者は大会要項を事前に調べておく

ゲートトレーニングを行うスキーヤーは、大会に参加しない愛好者と、大会で競うことを目的とするレーサーに分けられます。

大会に参加する場合には、各大会の開催地や主催元、エントリー方法を調べて、締め切り日までにエントリー手続きをすることが必要になります。エントリー方法は大会カテゴリーに応じて異なるので、指導者は予め調べておくことが求められます。

また大会では、前日の受付やスタートのドロー（抽選）などコーチの役割も多く、コース内でのルールの指導や指導者自身のマナーにも注意をする必要があります。

定めるルール

なお下部のQRコードからは、2021年12月に発行されたICRの日本語版が見られます。

定められているセットルールや用具の規定

スキー競技は、ベースとなる国際スキー連盟（ＦＩＳ）が制定する「国際競技規則（ＩＣＲ）」に基づいて運営され、このＩＣＲは4年に一度書き換えが行われます。ＩＣＲでは6種類の競技のセットルールや用具の規定（レギュレーション）が定められています。

ここでは内容の一例としてＧＳ（大回転競技）のセットルールについて解説します。

大回転競技のセッティングで順守すべき原則として、

●1本目のセットはレース前日に行うべきである

●2本とも同じコースにセットできるが、2本目はセットし直さなければならない

●大回転のコースセッティングは、回転競技に比べて旗門幅が広く、旗門間の距離が長いので、コンビネーションの要素はあまり重要な役割を果たさない。そのため、ほとんどの場合、地形を巧みに利用することが回転競技に比べてはるかに重要となる。したがって、地形を最大限に活用し、主にシングルの旗門をセットするほうが良い

●コンビネーションをセットしても構わないが、主として地形的変化に乏しい部分にセットする

●大回転競技は、ロングターン、ミドルターン、ショートターンなど、あらゆるターンの要素が必要となる種目であるため、選手が旗門間に独自のラインを自由に選択できるようにし、可能な限り斜面の幅をフルに活用するべきである

●ジュリーが決定した例外的な場合やアウトポールを取り外さなければならない場所では、インポールが旗門として機能する

●ユースのコースをセットするコースセッターは、選手の身体能力に特に配慮しなければならない

ここではほんの一例を紹介しましたが、最新のＩＣＲは全日本スキー連盟のホームページから見ることができますので、常に確認をしてください。

臨んだ結果を手に入れるために

現代、目眩く様々なことが変化しています。それは「進化」なのか、それとも人間を堕落させていく要因なるものなのか、見定めねばなりません。

スマホに齧り付いてばかりの子供たち。リスク回避と、結婚しない若者たち。人々の生きるスタイルそのものが変化しています。

闘うことさえも否定するスポーツ界。スポーツは「戦い」ではなく「闘い」であり、人を強く逞しくする無害の「あるべくしてある媒体」です。

本書は、変わりゆくものと、生き残らせねばならないものとの混合体です。老若男女問わず、同じゲートをくぐり、確実に数字が結果につながり、自身を知ることを恐れない者達の世界を、もっと充実したものにしていきたいという贈り物でもあります。

企画者や執筆者など本書の制作に関わった全員が「どうかこの素晴らしいアルペン競技スキーを多くの方々に楽しんでもらいたい」と考えています。そしてこの競技がスポーツ界で最も美しい環境で行われているということを自負し、多くの人々に、より安全により楽しく関わって欲しいと願っています。

科学的なトレーニングができても、筋力トレーニングができても、テクニックがなければ結果は弾き出せません。本書がそのテクニックを知り、高めるきっかけとなれば幸いです。

最後に書籍の制作に関わってくださった全ての皆様に心より感謝いたします。

日本プロスキー教師協会
常務理事　久慈　修

公益社団法人
日本プロスキー教師協会（SIA）

1968 年に 106 名のスキー教師で「日本職業スキー教師連盟」として発足。その後「日本スキー教師連盟」を経て 1981 年に「社団法人 日本職業スキー教師協会」となり、2011 年内閣府より「公益社団法人 日本プロスキー教師協会」として認定される。故寬仁親王殿下が作られた「SIA の理念」は「SIA はスキーを初めとするあらゆるスノースポーツの技術指導を目的とした我が国唯一の専門家（プロフェッショナル）集団である」。「安全なスノースポーツを SIA」をモットーに「スノースポーツの楽しさ」を老若男女、健常障がい者を問わず、誰もが満足していただける指導を提供している。

協会ホームページ：https://www.sia-japan.or.jp/

●監修
公益財団法人　全日本スキー連盟

●制作協力
海和俊宏
湯浅直樹
株式会社フィールド・マネジメント

●モデル
長谷川勝彦（SIA デモンストレーター）
今 元将
谷藤昌司
湯下万里（SIA デモンストレーター）
小原健汰（SIA デモンストレーター）

●執筆
岩谷高峰

●編集・構成
佐藤紀隆（Ski-est）

●デザイン
沖増岳二

●写真提供
株式会社芸文社
田草川嘉雄
Gettyimages

スキー ゲートトレーニング大全

2022 年 11 月 24 日　初版第1刷発行

著　者　公益社団法人日本プロスキー教師協会 ©

発行者　畑中敦子
発行所　株式会社エクシア出版
〒102-0083　東京都千代田区麹町6- 4- 6
印刷・製本　サンケイ総合印刷株式会社

ISBN 978-4-910884-07-3 C0075